M. MARYAN et G. BÉAL

Le Fond et la Forme

Le Savoir-Vivre pour les Jeunes Filles

PARIS

LIBRAIRIE BLOUD & BARRAL

4, rue Madame et rue de Rennes, 59

LE FOND & LA FORME

Le Savoir-Vivre pour les Jeunes Filles

M. MARYAN et G. BÉAL

Le Fond et la Forme

Le Savoir-Vivre pour les Jeunes Filles

PARIS

LIBRAIRIE BLOUD & BARRAL

4, rue Madame et rue de Rennes, 59

PRÉFACE

Le fond et la forme! Il est impossible de les séparer, de les dire indépendants l'un de l'autre. Entre les deux existe une correspondance secrète qui se trahit par quelque endroit; toujours, un signe extérieur, un geste, un regard, un son de voix révèlera l'intérieur. — Celui-là, quoi qu'on fasse, influe sur celle-ci, et la forme, quelle qu'elle soit, laissera voir à un moment donné ou la pauvreté ou la richesse du fond; de même que l'habit le mieux fait peut atténuer une défectuosité, voiler une difformité de la taille, mais non lui donner l'irréprochable qu'elle n'a pas en réalité. De même aussi un vêtement de coupe très imparfaite laissera deviner l'élégance naturelle, la perfection du moule. L'alliance du fond et de la forme, du fond tel qu'on peut souhaiter qu'il soit en chacun de nous, de la forme telle que l'éducation et les règles établies doivent l'exiger, cette alliance, dis-je, constitue la perfection du savoir-vivre.

Savoir-vivre! mot profond dans lequel nous ne voyons la plupart du temps qu'un titre servant à indiquer les convenances mondaines, les lois concernant les usages reçus, l'étiquette, et tout le code, très compliqué, de la politesse, pour qui n'est pas né dans un certain milieu.

Ne pas savoir vivre, au sens le plus généralement entendu de ce mot, c'est faire infraction aux règles convenues, acceptées; c'est les ignorer, les mépriser; et c'est toujours avec un certain dédain que le monde dira : « Il ne sait pas vivre! »

Mais savoir vivre, au sens vrai que comportent ces deux verbes, c'est se conformer aux règles de la conscience et du devoir; c'est cultiver, développer en soi le beau moral, le faire progresser, l'exprimer, le traduire en actes sous les formes les plus propres à plaire au prochain. C'est nous faire aimer, parce que ces formes doivent tendre à ne jamais le blesser, à lui prouver que nous le respectons et désirons lui être agréable, que nous l'aimons, enfin accomplissant ainsi la loi au-dessus de toutes les lois, loi divine et sacrée qui nous dit : « Tu aimeras ton prochain comme toi-même. »

Le savoir-vivre, ainsi entendu, touche donc à tout, embrasse toutes les relations sociales, celles que nous avons avec nos parents les plus proches, nos amis, nos égaux, nos supérieurs, nos inférieurs. Il regarde certains devoirs envers nous-mêmes, demande quelques vertus plus spéciales, celles qui, se reflétant à l'extérieur, apportent à la forme ce que le traité le plus complet ne pourrait lui donner. Il veut que nous corrigions certains défauts, redressions certains travers, acquérions en un mot les qualités exigées par le savoir-vivre, non seulement dans le sens convenu, mais dans son plus vrai et plus large sens.

Si ces pages, que nous offrons spécialement aux jeunes filles, font naître chez quelques-unes d'entre elles le désir d'acquérir le fond qui peut leur manquer, aussi bien que les formes qui adouciront, modifieront ce que leur extérieur a de défectueux, nous aurons atteint notre but, et satisfait à la demande qui nous a été faite d'écrire cet ouvrage.

M. Maryan et G. Béal.

PREMIÈRE PARTIE

PREMIÈRE PARTIE

Ce que l'on se doit à soi-même.

Tout être humain doit posséder le respect de soi-même. Ce sentiment doit être encore plus accentué lorsqu'il s'agit d'une femme, d'une jeune fille. Il est indispensable pour nous assurer le respect des autres ; aussi, j'insiste pour que vous le compreniez, et que vous ne vous départiez jamais de ce qu'il implique.

Je n'ai pas à parler ici de ce respect profond et intime de soi qui touche à la conscience, ou plutôt qui en ressort, et qui fait éviter tout ce qui est blâmable. Une jeune fille qui se respecte ne se laissera pas aller à la colère, qui est une sorte de folie momentanée, ni au mensonge, qui dégrade, ni à la flatterie, qui abaisse, ni à l'hypocrisie, qui déforme le caractère.

Mais en dehors ou plutôt à côté de tout cela, il y a le respect extérieur de soi-même ; il découle, du reste, de l'autre, et est comme le besoin d'accorder le dehors avec le dedans. Il règle la tenue, l'attitude, les manières ; il produit un ensemble de réserve, de mesure, d'harmonie, de convenances de tout genre. Il rentre dans l'ordre du savoir-vivre, et c'est à ce titre que nous entrerons dans quelques détails et expliquerons tout ce qu'il embrasse. Sans lui, il n'est pas de femme vraiment distinguée, et je dirai même que si on ne l'a pas pratiqué, on ne pourra jamais bien comprendre le respect dû au prochain.

D'ailleurs, tout est réuni ici-bas dans une solidarité à laquelle on ne saurait échapper, et les égards mêmes que nous devons à autrui exigent, de notre part, cet ensemble de petites choses, cette manière d'être qu'enseigne et produit le respect de soi.

***

Ce chapitre, Mesdemoiselles, n'aura point de titre. Si je lui donnais celui qui lui convient, vous vous récrieriez toutes, et vous refuseriez de le lire. Cependant, il est de la plus grande importance, et comme l'*a b c* du savoir-vivre et du respect de soi-même, sans parler de ce qu'il a d'indispensable au point de vue de ce qui est dû à autrui.

Donc, ne vous révoltez pas, et supportez qu'on parle de ce qui, dans certains pensionnats, est inscrit au-dessus des fontaines avec la qualification de *demi vertu,* je veux dire : *la propreté.*

Oh ! soyez tranquilles, je vous crois toutes en possession de cette demi vertu. Mais croyez-vous en conscience qu'elle soit universelle? N'avez-vous jamais rencontré, même dans un monde où le défaut contraire devrait être inconnu, des personnes auxquelles ce chapitre pourrait être utile? Supposez donc que j'écris pour le cas où ces personnes-là ouvriraient notre livre, et amusez-vous à constater l'utilité qu'elles pourraient en tirer.

D'après les vieilles chroniques, il ne paraît pas que la propreté soit une qualité naturelle. Le savant Érasme, qui n'a pas dédaigné d'écrire un ouvrage sur la civilité, conseillait en 1530 l'emploi du mouchoir de poche, « sans toutefois en faire une obligation ». Le même Érasme insistait sur la nécessité de soigner sa chevelure. Un code de politesse, datant de 1640, et à l'usage des petits-maîtres, déclare « qu'on peut aller *quelquefois* au bain, qu'on doit prendre la peine de se laver les mains tous les jours, et le visage *presque* aussi souvent ».

Le plus ordinairement, les gens soigneux se contentaient de s'humecter chaque matin le visage avec un peu de coton mouillé d'alcool. Un manuel de civilité et de bienséance conseille d'éviter l'eau pour le visage, sous prétexte que cela le rend trop sensible aux intempéries; l'auteur juge qu'un linge blanc suffit à la propreté. Les Mémoires de Mme de Motteville, qui nous apprennent que sa royale maîtresse, Anne d'Autriche, était « propre et fort nette », nous révèlent que la reine Christine de Suède avait des « mains si crasseuses qu'il était impossible d'y apercevoir quelque beauté ».

Vers la fin du XVIIe siècle, un traité qui eut un énorme succès, prêche la propreté en s'appuyant sur cette raison « qu'il ne faut pas faire mal au cœur à ceux avec qui nous conversons ». Il interdit de cracher à terre, et entre dans mille détails qui nous étonnent étrangement aujourd'hui.

Nous avons fait des progrès considérables sous ce rapport ; mais on ne saurait trop recommander aux jeunes filles d'éviter la paresse, la négligence. On peut être simple, pauvre ; il n'y a pas d'excuses pour le défaut de propreté. Être absolument soignée, ne porter que du linge et des vêtements irréprochables, étendre cette propreté aux objets qui sont à notre usage ou qui nous entourent, c'est le cachet primordial, indispensable d'une bonne éducation, c'est la qualité innée d'une femme distinguée. C'est là une habitude à prendre quand on est très jeune, une habitude qui devient une source de satisfaction et de bien-être pour nous et pour les autres, une condition d'hygiène, de santé, je dirai même de contentement.

Donc, Mesdemoiselles, ne m'en veuillez pas d'avoir écrit ce chapitre, et tâchez de comprendre à quel point il est important pour le présent et l'avenir, pour vous, pour ceux qui vous entourent, et pour ceux que vous pouvez être un jour appelées à diriger et à soigner.

La tenue.

Vous n'êtes pas jolie, Florence. L'élégance, la grâce, « cette beauté en mouvement », dit Lessing, la grâce, « plus belle encore que la beauté », ajoute La Fontaine, ne vous ont point été données en partage. Il vous faut donc, bon gré mal gré, faire votre deuil de ces dons charmants.

Vous dire que la beauté passe..., que la laideur reste, serait une insuffisante consolation, même pour celles qui apprécient, avant tout, le durable. J'aime mieux, tout de suite, vous parler du seul remède à apporter aux avantages qui vous manquent, vous affirmer que « bonté efface laideur », que certaines qualités du cœur font oublier ce que le physique a de défectueux et que celui-ci peut, quel qu'il soit, être agréable. C'est là que le fond apporte à la forme, en dépit de celle-ci, un quelque chose qui charme. Non, la beauté ne réside pas tout entière dans les lignes du visage; elle est avant tout dans l'expression, qui n'est autre que le reflet de l'âme et des qualités du cœur; la bonté en est la plus exquise, celle qui s'épanche au dehors, rayonne sur le visage et communique au moins favorisé le charme qui appelle la sympathie. La beauté sans le charme n'est qu'un marbre froid; elle peut attirer mais non retenir; la bonté seule a cette puissance.

Si les yeux qui me suivent de près me regardent avec indulgence, cherchent à lire dans les miens ce qui me fait plaisir ou peine pour me donner l'un et m'éviter l'autre, je ne songerai guère à leur demander d'être mieux fendus, plus clairs ou plus foncés. Et comme bientôt je trouverai charmantes, malgré leur dessin incorrect, les lèvres qui sauront me sourire, charmante, la bouche trop grande qui ne s'ouvrira que pour des paroles aimables, des mots bienveillants, charmante, la main trop forte ou trop maigre qui pressera affectueusement la mienne, disposera tout autour de moi pour ma satisfaction ou le plaisir de mes yeux!

Oui, l'âme seule fait la physionomie, cette chose insaisissable que l'art le plus consommé et tous les artifices ne sauraient donner.

Consolez-vous donc de n'être pas jolie puisque vous pouvez être bonne.

Et ne déplorez pas non plus outre mesure l'élégance, la souplesse naturelles qui manquent à votre taille. Une bonne tenue, un maintien irréprochable peuvent vous donner l'essentiel.

Mais, de grâce, mettez-y quelque attention, de la bonne volonté. Vous ne savez même pas vous asseoir ; vous vous laissez tomber sur un siège comme une personne accablée sous le poids de la fatigue et des ans ; vous faites craquer mes chaises et gémir mes fauteuils. Vos bras pendent le long de votre corps ou se rejettent en arrière.

Je ne me tiens ainsi qu'en famille, me dites-vous, presque indignée de mes reproches ! Je le sais, mais vous passez les neuf dixièmes de votre vie en famille, et si vous ne songez pas à vous observer durant ce temps, vous risquez bien de ne pas mieux faire quand vous serez en dehors de ce cercle intime ; vous n'ignorez pas la force de l'habitude.

Mais, je veux bien l'admettre, vous êtes irréprochable en société. Je n'en retire pas davantage le blâme de tout à l'heure ; il est assez pénible de constater que l'effort que vous croyez devoir faire pour des étrangers, vous ne le faites pas pour ceux qui vous aiment le plus.

Redressez donc votre taille, rejetez légèrement les épaules en arrière, non point à la manière de certaines personnes qui exagèrent tellement ce mouvement qu'elles ont l'air de pigeons prêts à être embrochés ! C'est d'un disgracieux !

Le maintien est à la taille ce que la physionomie est au visage ; il atténue ce qu'elle a de défectueux, et il est toujours le signe d'une éducation soignée, car une tenue irréprochable suppose la surveillance, l'attention sur soi-même ; il est si naturel de se laisser aller, de s'abandonner ! L'habitude de se redresser, de se bien tenir, ne va pas sans une certaine analogie avec le caractère. Une nature douce et facile ne sera pas empesée, guindée, et l'on ne voit pas une personne arrogante et fière avec un air modeste.

Le maintien, c'est une si jolie chose ! Dans la rue vous devez toujours l'avoir retenu. Ne tournez pas la tête à droite, à gauche ; ne regardez ni le ciel, ni la pointe de vos bottines, mais portez la tête droite sans affectation. Que vos bras ne pendent pas le long de votre corps ; encore moins ne suivent le mouvement de la marche les jetant en avant, en arrière ; tenez-les repliés à hauteur des hanches.

Du reste, un parapluie, une ombrelle, la jupe à relever, le manchon en hiver, indiquent suffisamment la contenance la plus naturelle.

Ne marchez pas dans la rue comme si vous alliez au feu, faisant de ces grandes enjambées qui donnent une tournure peu féminine ; ne vous traînez pas non plus comme si vous manquiez de forces pour lever le pied; ayez, autant que possible, un pas égal, ni trop vif, ni trop lent. S'il ne dépend point de vous d'avoir une tournure élégante, distinguée, vous pouvez toujours l'avoir comme il faut.

Quand vous êtes debout, ne vous balancez pas d'un pied sur l'autre; ne posez pas le poing sur la hanche, mouvement naturel à tant de personnes, et vulgaire! Ne gesticulez pas; il faut être très sobre de gestes, ce qui ne veut pas dire de les proscrire complétement; justes et modérés, ils achèvent, en quelque sorte, la conversation, l'animent, lui donnent son expression.

Ne vous tenez pas non plus le cou en avant, cela donne l'air sot. Quand vous êtes assise, évitez de vous appuyer au dossier de votre chaise, ou si légèrement et de telle manière qu'on s'en aperçoive à peine. Est-il nécessaire de vous dire que vous ne devez jamais vous croiser les jambes, ni vous balancer en avant, en arrière? Asseyez-vous franchement, sans rester sur le bord de votre siège comme si vous craigniez de l'effleurer; vous donnez ainsi une impression de fatigue, et être assis doit exprimer le repos.

Ne vous pardonnez rien sous le rapport de la tenue, soyez sévères à vous-mêmes. Je ne vous dirai pas d'aller jusqu'au point de Mme de Richelieu, qui affirmait ne s'être jamais appuyé le dos dans son carrosse pendant quinze ou dix-huit ans. Nous ne pourrions en dire autant, les carrosses n'existant plus qu'à titre de curiosité ; mais nous pourrions avouer nous être appuyées aux coussins d'une vulgaire calèche ou d'un élégant landau, sans manquer à la dignité du maintien qu'exige notre siècle.

Une éducation soignée donnera le tact de toutes ces nuances qui font la distinction et décèlent une délicate nature.

La tenue à l'église.

Certes je reconnais que je suis une personne bien insupportable, en ce cas au moins, mais à moi-même seulement, car je n'en laisse rien voir. A l'église, je ne puis prier si l'on se mouche bruyamment, si ma voisine feuillette et refeuillette son paroissien, agite son chapelet, s'en amuse comme d'un jouet, le laisse glisser, balancer, frapper le long de sa chaise; je suis énervée jusqu'à la pointe des cheveux si, à côté de moi, j'entends un chuchotis de prières, un marmotage de pater et d'ave; des soupirs et des demi soupirs, des invocations articulées que je peux suivre, des élans de cœur qui arrêtent tout net les miens. Je ne me tiens plus d'impatience si la personne qui est derrière moi appuie ses pieds sur les barreaux de ma chaise, les fait crier, craquer; si devant j'en vois une autre se balancer sur la sienne, tourner la tête, la baisser, la relever; dans des mouvements de dévotion exagérée, se frapper la poitrine comme saint Jérôme dans le désert. Tout cela m'empêche de prier.

— C'est bien malheureux, me dites-vous.

— Oui, vous répondrai-je avec conviction.

— Vous avez le recueillement difficile.

— Hélas!... qui le déplore plus que moi?

— Il vous faudrait le désert, et encore! sans oiseaux, leurs chants vous troubleraient.

— Point du tout, car à la fin, que demandé-je autre chose sinon que chacun se tienne comme il le doit, selon le lieu où il se trouve?

L'église étant celui de la prière, la demeure plus spéciale de Dieu, je veux que l'âme y rencontre les conditions les plus favorables au recueillement, et que l'on s'y comporte comme on se donnerait la peine de le faire en présence d'un grand de la terre; c'est bien le moins, et je ne suis pas par conséquent si extraordinaire que je le parais au premier abord, en énumérant mes causes de gêne et d'impatience. Je ne suis pas seule à sentir ainsi, et vous engage donc à penser à moi, qui suis beaucoup d'autres, quand à l'église vous vous mouchez, râclez la gorge, bâillez, toussez avec le sans-gêne de la chambre à coucher. Que dire encore des personnes qui, arrivant au milieu d'un sermon, se dirigent vers leur place, traversent toute l'église sans avoir l'air de se douter qu'elles suspendent l'attention de tout un auditoire, peuvent interrompre le prédicateur, lui faire perdre le fil de son discours? Elles mériteraient, ces personnes, la leçon que j'ai entendu donner en pareil cas à une dame qui, sans plus se soucier du sermon commencé, montait la grande nef, dérangeant à droite, à gauche. L'orateur s'arrête; la dame continue, et comme elle ne semble pas se presser, que le silence se prolonge, amenant une gêne qui gagne l'auditoire entier, l'orateur élève la voix et tranquillement, d'un geste, désignant celle qui se retourne enfin :

— J'attends, dit-il, que Madame soit à sa place.

Elle a été corrigée pour toujours, et depuis toutes les places lui sont bonnes quand le sermon est commencé.

Faut-il aussi parler de la manière dont on se comporte habituellement aux cérémonies de mariage? Là, il serait à souhaiter que l'on se tînt au moins comme au théâtre, où l'on ne se permettrait pas de monter sur les banquettes, comme on monte à l'église sur les barreaux de sa chaise pour mieux voir le passage de la mariée, la robe de Mme une telle, le chapeau de Mlle X... et le manteau de Mme Z... Il semble, ces jours-là, que l'église n'est plus la maison de Dieu. On cause, on parle, comme dans un salon, presque à voix haute, on y médit tout aussi librement, on y rit, on s'y amuse enfin. Cette tenue est de la dernière inconvenance.

C'est un manque de savoir-vivre vis-à-vis de Dieu même, oubliant que vous êtes chez Lui. Pensez à ce que vous lui devez de respect, d'adoration; pénétrez-vous de sa grandeur, du mystère du Tabernacle, et le fond, ici plus sûrement qu'ailleurs, vous donnera la forme.

Sans fond.

De grâce, Simone, ne soyez pas trop correcte. Le souci que vous en avez vous enlève tout naturel, et je serais sur le point de vous crier, comme lorsque j'entends un pianiste ou un orgue de Barbarie : Faites une fausse note! Oui, une fausse note, que je sente autre chose qu'un mécanisme et la manivelle qui le fait marcher. Oui, Simone, vous me feriez prendre la correction, la forme impeccable en grippe, et quand je vous vois j'ai envie de parler fort, de rire trop haut, de saluer en faisant une pirouette, de me balancer sur ma chaise, de tourner la tête, de sortir sans gants, de porter mon chapeau en coup de vent, de mettre mes coudes sur la table, de me lécher les doigts, de déranger la symétrie du couvert... de faire enfin tout ce qui ne se fait pas, en haine de ce que vous faites trop régulièrement, trop correctement, trop parfaitement, trop impeccablement. Près de vous, en face de vous, tout mon être se crispe; quand vous me quittez je crie : Ouf! Je m'étire et je bâille comme si on m'enlevait un corset bardé de fer. Vous êtes bien la preuve vivante que la forme toute seule ne suffit pas, et que les règles du savoir-vivre, rigoureusement appliquées, sans le fond qui leur donne leur charme, leur moelleux ou leurs nerfs, leur vraie physionomie enfin, que ces règles, dis-je, sont bien insuffisantes, froides, glaciales comme un corps sans âme. Si vous ne pouvez mieux, conservez-les quand même, je ferai en sorte de vous voir le moins souvent possible pour ne pas les prendre en horreur. Oui, vous n'avez que le souci de la forme, et cela tue en vous le naturel que vous auriez peut-être; tout mouvement de spontanéité est arrêté net par cette crainte de n'être pas assez correcte.

Dans la rue, vous marchez comme si chacun de vos pas était mesuré, compté. Une averse ne vous le fait pas hâter. Bien plus, l'autre jour, un cheval et un fiacre, s'abattant derrière vous, n'ont pas suffi à vous faire tourner la tête. Il est dit certainement dans les traités de savoir-vivre que cela ne doit pas être, mais il y a des cas où le plus sévère ne pourrait vous blâmer de manquer à certains conseils : celui dont je parle, par exemple; ainsi Clarisse, tout près de vous à cet instant, s'est précipitée du côté de l'accident sans souci d'aucune règle, et elle a écarté un enfant qui, sans elle, aurait pu être sérieusement blessé. Il est vrai qu'elle a laissé dans la bagarre un bout de dentelle de son collet, qu'elle est revenue chez elle avec un volant déchiré, tandis que vous rentriez sans avoir rien perdu de votre correction ; mais personne n'a reproché à Clarisse d'en avoir manqué, l'enfant et ses parents encore moins que tout autre.

Vous connaissez admirablement tout le code du plus parfait savoir-vivre, et ses règles multiples ; mais il y a des cas qu'il ne peut prévoir, et chaque fois que cela se présente pour vous, qui n'avez ni bonté ni bienveillance, en manquant de ce fond, du même coup vous manquez à la forme à laquelle vous tenez uniquement. Et c'est bien fait ! bien fait que l'une ne puisse toujours donner le change, et laisse paraître sa misère quand elle est par trop réelle.

La forme, elle est souvent un habit trop étroit qu'un mouvement inattendu fait craquer, et alors gare à la doublure, ou à ce que son absence laisse voir ! A un moment ou à un autre le vrai fond se dévoile, le naturel s'échappe, prend le dessus.

Hier, Élise était chez Marthe, son amie qui vient d'avoir la douleur de perdre sa mère. Sa visite de condoléances finie, elle se lève, passe devant une haute glace, et par un mouvement naturel, retournée à demi, la tête sur l'épaule :

— Ne trouvez-vous pas que cette jaquette me prend admirablement la taille? dit-elle en enveloppant son buste d'une complaisante admiration.

Et comme son amie ne répondait pas tout de suite :

— Ne trouvez-vous pas? reprit-elle, en levant les yeux.

— J'étais à autre chose, fit Marthe, d'un ton disant assez quelle unique pensée était la sienne.

— Ah! pauvre chérie! dit Élise avec une compassion banale; je comprends.

Et elle embrassa son amie.

Mais Marthe savait maintenant qu'elle ne comprenait pas, parce qu'elle ne sentait pas; son absence de cœur, sa vanité venaient de se faire jour malgré toute sa science des règles du savoir-vivre.

Quelque habitude que l'on ait de se surveiller à cet égard, bon gré mal gré, le fond vient à la surface; l'égoïste, par exemple, cent fois se laisse voir, se découvre sans s'en douter dans un mot qui en dit sur lui plus que de longs discours. Témoin M. X... qui n'a jamais apprécié la vie qu'au point de vue du bien-être, du confortable, et qui pèse tout au poids de l'or, les gens et les cercueils. En parlant d'un ami, dans le feu de la conversation, il s'écrie avec une conviction qui ne peut permettre de prendre le mot pour une plaisanterie : « Oh! lui, il a de la chance! En moins d'un an il a perdu sa belle-mère, son frère, sa belle-sœur; il est aujourd'hui à la tête d'une très jolie fortune! »

Il ne sentait pas quel monstrueux égoïsme, quelle cupidité il mettait ainsi à jour, contrevenant aux préceptes de la plus élémentaire bienséance, qui ne permet pas qu'on regarde comme un bonheur ce qui fait la douleur des autres.

Ceux qui manquent de cœur, et les égoïstes n'en ont pas, manquent forcément en maintes occasions aux règles du savoir-vivre; ils n'ont point de tact, froissent et blessent sans s'en apercevoir.

La tenue dans un salon.

Il y a, pour les jeunes filles, un milieu très difficile à garder entre la gaucherie et le laisser-aller, la timidité et la hardiesse, la taciturnité et l'exubérance.

On a dit qu'en toutes choses le milieu est tout ce qu'il y a de plus difficile à tenir, et c'est bien vrai, car le milieu, c'est l'équilibre, c'est l'absence de tout excès, et cela demande une mesure, une possession de soi, une vue nette des choses très rare en général, et presque introuvable, en particulier, chez les jeunes filles.

En effet, la jeunesse est ardente, portée aux extrêmes, s'effarouchant ou s'emportant, recourant aux exagérations pour éviter les exagérations contraires. Il y a eu des périodes où elle abusait de la timidité, du silence, de la gaucherie, même, à force de réserve. Ce reproche-là, disent les mauvaises langues, on ne le fera pas à notre époque, et les gens chagrins voudraient mettre une muselière à ces lèvres babillardes, et donner de bons soufflets à ces petits visages impertinents qui diffèrent par trop de ce qu'ils ont vu dans leur jeunesse.

Eh! bien, Mesdemoiselles, si difficile que ce soit, ne retournons pas trop loin en arrière, dans le domaine de la timidité, et n'allons pas trop loin en avant, dans celui de la hardiesse. Essayons ce juste milieu, qui doit concilier toutes les opinions et rallier toutes les sympathies.

Comment entrer dans un salon, comment s'y tenir?

Je vais vous donner un secret qui, bien compris, communiquerait à la manière d'être des jeunes filles une perfection presque absolue. C'est si simple, que cela va peut-être vous désappointer... Oui, c'est très simple, car mon secret n'est autre que la simplicité elle-même.

La simplicité! La jeunesse, qui en reçoit tout son charme, ne la comprend pas toujours. Elle est cependant inséparable de la véritable distinction. La simplicité est, en effet, quelque chose de plus profond qu'on ne croit. Elle ne s'épanouit que dans les natures absentes d'elles-mêmes, dénuées de prétention, de désir d'éblouir, de vanité et d'égoïsme. Elle supprime la gaucherie, qui est très souvent une crainte maladive d'être trouvé mal, et en partie la timidité, surtout si cette timidité naît de l'amour-propre. Tout au plus pourrait-elle s'allier avec un peu de laisser-aller. Mais on se souviendra alors que le laisser-aller, admis dans une certaine mesure en famille, n'est pas compatible avec ce respect de soi dont je vous parlais, et qui doit nous assurer le respect des autres. On gardera, avec le plus parfait naturel, la notion de ce qu'on doit, comme égards, aux personnes plus âgées qui sont présentes, de ce qu'on se doit à soi-même comme attitude, comme réserve, et l'on arrivera, sans même y penser, à réaliser le type d'une jeune fille bien élevée et distinguée.

Les mœurs modernes, qui, je regrette de l'avouer, tendent à devenir de plus en plus impolies, autorisent une jeune fille à entrer dans un salon délibérément, comme chez elle, à secouer la main de la maîtresse de maison assez vigoureusement pour lui déboîter le poignet, et à s'asseoir en paraissant ignorer la présence de toutes les autres personnes présentes.

Mais heureusement, il y a encore en France des traditions polies. Une jeune fille comme il faut s'y conformera. Elle saluera la maîtresse de maison et attendra que celle-ci lui tende la main la première, attendu que c'est une initiative qui appartient toujours à la femme la plus âgée. Elle fera ensuite une sorte de léger salut circulaire, sans exagération, et si elle reconnaît dans le salon une ou plusieurs personnes de sa connaissance, elle ira les saluer avant de s'asseoir.

Il est difficile de dire dans quelle mesure une jeune fille doit prendre part à la conversation dans un salon. Cela dépend de son âge, de l'intimité des relations, et aussi des sujets qu'on traite. Se borner exactement à répondre à des questions directes, c'est court; prendre l'initiative avec une voisine inconnue ou âgée, c'est peu respectueux. Cependant, en gardant ce ton comme il faut, réservé, timide en tant que la timidité est la mesure du respect pour l'âge, par exemple, il est mille occasions où une jeune fille peut placer une remarque ou adresser une question. Encore une fois, c'est une affaire de tact, et en ceci, on pourrait donner le conseil que le roi saint Louis adressait au sujet de la toilette : « Agissez de manière que les gens âgés et chagrins ne puissent trouver que vous en faites trop, ni les personnes jeunes que vous en faites trop peu. »

Vous voyez, c'est toujours cette question du juste milieu. Mais ici encore la simplicité vous guidera. Elle vous enseignera les circonstances où une parole peut sembler aimable et prévenante, et comme elle vous gardera de toute prétention, de toute idée de vous faire remarquer, elle éloignera aussi de vous la critique qui répond fatalement à la vanité, au désir exagéré de plaire, et surtout à ce que notre langage moderne a nommé la pose.

Doit-on se lever quand une personne entre ou sort ? Autrefois, on n'eût pas même soulevé cette question. Par cela seul qu'on se trouvait dans le même salon, on se devait des égards mutuels, par respect pour la maîtresse de maison. Aujourd'hui, le sans-gêne l'a emporté. En entrant dans un salon on n'obtient des dames qui s'y trouvent qu'un regard curieux, souvent impertinent, explorant votre toilette des bottines au chapeau. La personne qui arrive ne prend pas plus de souci des visites de son hôte. Elle les ignore jusqu'au moment où, s'étant assise, elle les dévisage à son tour au premier moment de loisir que lui laisse la conversation.

Cette manière de faire, déjà insupportable pour des femmes, devient odieusement insolente pour une jeune fille. De même que je vous conseille vivement une espèce de léger salut à l'arrivée, je ne puis assez vous recommander de vous lever un instant quand une dame entre ou sort. Il est par trop illogique, en effet, de voir la maîtresse de maison debout sans qu'une jeune fille s'associe à cette marque de politesse. Peut-être, Mesdemoiselles, serez-vous quelquefois les seules à la donner, mais il faut avoir le courage de la politesse, sûres, d'ailleurs, d'en recueillir les fruits.

Si l'on sert un lunch dans le salon où vous vous trouvez, et que vous soyez dans des termes suffisamment intimes avec la maîtresse de la maison, ou qu'aucune autre jeune fille ne soit présente, vous pouvez lui offrir de l'aider à verser le thé ou à passer les gâteaux. Si, dans le cours de la visite, vous la voyez près de se déranger pour atteindre un volume, un album, un bibelot, etc., vous devez également lui demander de lui en éviter la peine.

Si une jeune fille se trouve placée près de vous, il est poli de lui adresser la parole, même si vous n'avez pas été présentées l'une à l'autre ; à moins qu'il ne s'agisse d'un de ces salons officiels où l'on fait une visite écourtée, et où l'on peut rencontrer des personnes avec lesquelles on ne veut pas entretenir de relations ; ce cas excepté, dis-je, il est de mauvais goût d'exagérer l'usage de la présentation. Rencontrer une personne chez une maîtresse de maison que vos parents estiment doit suffire pour que vous soyez autorisée à lui parler. Agir autrement serait une sorte d'impolitesse pour la personne qui vous reçoit.

Une femme ne se lève point pour les hommes,

à moins qu'il ne s'agisse d'un vieillard. Cette règle est moins rigoureuse pour une jeune fille. Si elle peut et doit rester assise lorsque des jeunes gens entrent dans le salon où elle se trouve, il serait presque malhonnête qu'elle ne se levât pas, pour saluer, par exemple, les pères de ses amies, qui, par rapport à elle, sont des personnes âgées. Elle tend la main aux messieurs d'âge respectable, aux maris de ses amies, mais jamais aux jeunes gens, excepté ceux qu'elle a connus depuis son enfance, et avec lesquels sa mère juge convenable de maintenir des relations amicales. Elle ne doit pas parler la première aux jeunes gens qu'elle ne connaît pas, excepté si elle est chez elle, aidant sa mère à faire les honneurs de son salon.

Une jeune fille qui reçoit avec sa mère s'occupe d'offrir des sièges, donne des tabourets aux dames âgées, des écrans à celles que le feu pourrait incommoder. Elle reconduit les dames et les vieillards, et va saluer spécialement chacune des personnes qui entrent.

Sans formes.

Muguette, c'est ainsi qu'on vous appelle dans le cercle étroit de la famille où j'ai ma place ; ce nom, qui n'en est pas un, me plaît, du reste ; il me fait penser à la si jolie et si pure petite fleur blanche qui vous l'a valu par lé rapprochement qu'on a pu faire entre votre simplicité, votre candeur et celle de la fleur printanière.

Vous êtes donc charmante, ma chère Muguette, pleine de cœur, prête à vous émouvoir devant une larme, à compatir au chagrin d'autrui, bonne, enfin, aimant à rendre service. Eh bien ! cela ne vous empêche pas d'être insupportable vingt fois par jour, et de faire souhaiter d'être ailleurs quand vous êtes ici. Vous avez du fond, mais point de formes. Vos yeux étonnés, interrogateurs m'obligent à préciser.

Hier, à table, pendant la causerie générale, combien de fois avez-vous coupé la parole soit à votre mère, à vos sœurs aînées, donné votre avis quand nul ne songeait à le demander, et cela sur des sujets qui n'étaient guère de votre compétence! Vous avez ensuite bavardé comme une pie, et grisée par vos propres paroles, les éclats de rire de quelques-uns, vous avez laissé passer plusieurs fois de trop bonnes occasions de vous taire, car s'il vous est échappé quelques mots heureux, il y en a eu tant d'autres qui l'étaient moins! Ce qui ne peut manquer quand on parle trop. Croyez-moi, Muguette, une jeune fille ne doit pas ainsi accaparer la conversation, à moins qu'on ne l'y invite très spécialement; encore moins doit-elle couper la parole, interrompre comme vous l'avez fait. Dans la discussion, vous ne gardez aucun ménagement, et me donnez à tout instant le désir de vous rappeler cette parole, bonne à méditer : « On a souvent tort par la manière dont on a raison. »

J'ai dit que vous êtes bonne; c'est très vrai, mais la plupart du temps vos amabilités sont habillées de tant de rudesse et de brusquerie qu'on pourrait à l'occasion les prendre pour des sottises, témoin votre porte-plume, si gracieusement offert à votre sœur, qu'il a failli lui crever l'œil. Vous ne posez pas un objet, mais le jetez, le lancez comme « un maçon ferait de son outil », disait Mme de Maintenon aux demoiselles de Saint-Cyr, auxquelles elle reprochait leur brusquerie. La vôtre dépasse toute mesure; vous ouvrez et fermez les portes à en faire tressaillir tous les meubles et sauter au plafond les personnes les moins nerveuses. L'ouragan, le tourbillon, le cyclone n'ont pas plus d'impétuosité, de rapidité que votre passage; instinctivement je me gare quand je vous entends approcher; ou bien vous marchez en faisant résonner vos talons; mettez-y plus de légèreté. Quant à votre voix, elle n'est pas beaucoup plus douce que vos mouvements; je ne puis la comparer qu'à celle d'un jeune dogue qui aboie, pour s'amuser peut-être; mais ceux qui passent se demandent s'il ne va pas mordre, et ils reculent.

Veillez à la forme, Muguette, je vous en prie; vous n'en avez pas encore senti toute l'importance parce que vos intentions sont bonnes; mais très souvent c'est la forme extérieure toute seule qui les peut révéler, et malgré votre bon cœur, il vous arrivera de faire souffrir, si vous ne vous donnez pas la peine de l'exprimer par un mot qui ajoutera son plus grand prix à l'acte, le rehaussera d'amabilité, en soulignera la délicate attention.

Surveillez aussi votre premier mouvement, il peut quelquefois être blessant dans sa franchise. Ainsi l'autre jour, quand Mme J... vous a annoncé le mariage de sa nièce, vous vous êtes écriée, les yeux ouverts par le plus sincère étonnement : « Vraiment ! Ce n'est pas possible ! »

Et comme sa tante vous demanda : « Pourquoi ? » prise au dépourvu vous avez balbutié quelques mots inintelligibles, mais qui motivaient parfaitement la réponse un peu piquée de la tante :

« Ma nièce n'a pas encore atteint l'âge où tout espoir de se marier se perd, et la beauté n'est pas indispensable au bonheur. »

Vous avez protesté comme vous avez pu, mais le froissement s'était fait sentir. Il ne faut pas davantage faire des compliments en plein visage ; la louange, pour se faire accepter, doit être voilée.

Je pourrais, ma chère Muguette, trouver cent autres exemples, vous faisant sentir la nécessité de la forme ; c'en est assez pour attirer votre attention. Il vous suffira de vous rappeler qu'elle ajoutera à vos qualités réelles ce qui les fera apprécier ; ce sera comme le parfum de la fleur, et l'on pensera que votre nom vous a été bien donné.

La tenue à table.

Il y a toujours, dans les prescriptions du savoir-vivre, un souci du prochain. Lui épargner de l'ennui, de la peine, lui éviter, par une propreté scrupuleuse, toute impression de dégoût et de répugnance, c'est à cela, en somme, que tendent les améliorations et les recherches qui se sont introduites dans le service de la table et dans la manière de s'y tenir.

Il n'y a peut-être pas de criterium plus sûr de la bonne éducation que la tenue à table; c'est pourquoi, si exagérés que paraissent certains détails, il est bon d'y entrer. Comme je le disais, il n'y a pas là seulement une question d'usages et de mode, mais cette constante occupation des autres que garde la politesse à défaut de la charité.

Tout d'abord, il faut se montrer satisfaite de ses voisins. C'est une grande mortification pour une maîtresse de maison, qui a fait de son mieux pour placer ses hôtes selon les convenances et en tenant compte, autant que possible, de l'agrément de chacun, c'est, dis-je, une grande mortification de constater qu'elle n'a pas réussi, et de voir autour d'elles des visages mécontents ou maussades. Il faut être également polie avec ses deux voisins; tourner le dos à l'un pour parler exclusivement à l'autre serait une preuve de mauvaise éducation. Il faut éviter de parler fort, de gêner les autres conversations ; d'ailleurs une jeune fille ne doit jamais attirer l'attention, pas plus qu'elle ne doit en aucune circonstance élever la voix ou pousser des éclats de rire bruyants. Elle agirait d'une manière aussi vulgaire que peu convenable en parlant bas. On ne doit jamais paraître s'isoler des autres personnes présentes, et les chuchotements sont absolument déplacés et interdits, à table ou dans un salon.

Il ne faut s'asseoir qu'après la maîtresse de la maison. On prend alors sa serviette, qu'on déplie à moitié. On ne l'attache pas à sa robe, on n'en passe pas le coin dans son col, c'est là une habitude d'enfance qu'on laisse en entrant dans le monde : on la pose sur ses genoux, tout simplement. Pour éviter les confusions, il est à peu près convenu aujourd'hui qu'on prend la serviette et le pain qui se trouvent placés à gauche de l'assiette. On prend, pour découper la viande, le couteau de la main droite et la fourchette de la main gauche ; on peut ensuite garder la fourchette dans la main gauche pour porter les bouchées à ses lèvres : changer de main serait une sorte de complication, d'autant qu'on ne doit pas couper à l'avance toute la viande qu'on a sur son assiette, mais qu'on la découpe bouchée par bouchée. On rompt son pain, on ne le coupe jamais. On doit éviter de s'en servir pour ramasser la sauce. Le savoir-vivre exige en effet qu'on laisse dans son assiette la sauce qu'on n'a pas prise avec la viande ; la raison de cet usage est probablement dans la manière peu délicate, disons le mot, peu propre dont certaines personnes *nettoieraient* leur assiette à l'aide de leur pain.

On ne porte jamais son couteau à sa bouche. On ne se sert jamais de son propre couvert pour prendre quoi que ce soit dans un plat, ou des hors-d'œuvre, ou du beurre.

Il faut éviter de salir les ustensiles qu'on emploie, de les couvrir de sauce. On doit prendre garde de tacher la nappe ; il faut se servir scrupuleusement du porte-couteau destiné à recevoir le couteau et la fourchette.

Il semble presque superflu d'entrer dans tous ces détails, et il paraîtra encore plus inutile de recommander la plus grande propreté en mangeant. Une personne bien élevée ne doit faire entendre aucun bruit, soit en buvant, soit en mangeant. Elle ne parle jamais ni ne boit la bouche pleine. Il est encore élémentaire de dire qu'on s'essuie la bouche avant d'y porter son verre, et après avoir bu.

On ne tend aux domestiques ni son assiette ni son verre ; on se laisse servir.

C'est à vos voisins masculins à vous verser l'eau et le vin. Si ce sont des femmes plus âgées que vous qui se trouvent placées à vos côtés, vous les servez en vous rendant très attentives à ce dont elles peuvent avoir besoin ; si ce sont des jeunes filles, vous les servez ou vous laissez servir indifféremment.

Une jeune fille, en thèse générale, ne boit pas de vin pur. Elle peut, dans un dîner, prendre un peu de vin de Champagne ou très peu de vin doux, mais elle refuse les autres vins. Pour cela, il suffit de faire un geste de la main, sans parler, quand le domestique veut vous servir. On ne parle aux domestiques, dans un dîner, que pour demander à voix basse ce qui peut manquer. Dans une maison bien tenue, ils vous épargnent cette peine en veillant à vos besoins. Il est superflu de les remercier. Ils présentent et on accepte les plats en silence.

*
* *

Il faut être au courant des ustensiles de la table. Si vous en trouvez de nouveaux ou de perfectionnés que vous ne connaissiez pas, regardez comment s'y prennent vos voisins, et faites comme eux.

Nos pères seraient bien surpris, s'ils revenaient au monde, de voir les progrès qu'a fait le service de la table, tant comme recherche que comme propreté. Sans remonter au moyen âge, où l'on se servait d'écuelles (jusqu'au XVIIe siècle, époque où apparurent les assiettes), Montaigne constate comme une curiosité exotique, en 1580, qu'en Suisse on servît « toujours autant de cuillères comme il y avait d'hommes à table ». Après l'adoption des assiettes, on continua longtemps à puiser les mets liquides et les soupes chacun avec sa cuiller. Cet usage, qui révolterait aujourd'hui le plus modeste bourgeois, existait encore sous Louis XIV. Saint-Simon signale la « propreté redoutable » du duc de Montausier, qui inventa les grandes cuillers et les grandes fourchettes destinées à prévenir l'usage des couverts particuliers. C'était une innovation, qui ne se répandit que bien plus tard dans la bourgeoisie. Cependant, les instincts de propreté se développaient, car une chanson du marquis de Coulanges, cousin germain de Mme de Sévigné, se termine par cette recommandation :

A table, comme ailleurs, enfin,
Il faut songer à son prochain.

Les fourchettes sont, comme usage général, de date moderne. Dans celles que nous a laissées le moyen âge, on reconnaît des objets de prix, de luxe ; elles ont des manches fort riches. La femme de Charles le Bel n'avait qu'une fourchette. Le roi Charles V en possédait neuf en or et deux en argent. Charles VI n'en avait que trois. D'ailleurs, ces objets rares servaient, d'après les données que nous possédons, à manger certains fruits. En revanche, on prenait sa viande à l'aide de son couteau et... de ses doigts. Et encore, tout le monde n'avait pas de couteau. En 1560, un écrivain constate que les Italiens ne tiennent pas à avoir chacun son couteau, que les Allemands l'ont et n'aiment pas qu'on le leur demande, que chez les Français, « toute une pleine table de personnes se serviront de deux ou trois couteaux ».

Montaigne, qui remarque que les Suisses « ne mettent guère la main au plat », était moins délicat, car il mangeait sans cuiller ni fourchette, et si vite que, dit-il, « je mors parfois mes doigts de hâtiveté ».

Ce fut vers 1600 que l'usage des fourchettes commença à se répandre, mais seulement dans le grand monde, car un voyageur anglais les disait inconnues à Paris en 1608. D'ailleurs, elles l'étaient aussi bien dans son pays, car, en ayant vu pour la première fois en Italie, il les jugea dignes d'une description d'une page, et en rapporta l'usage en Angleterre.

*
* *

Mais voilà une bien longue digression sur les usages ou les lacunes du temps de nos ancêtres. Revenons à notre époque, et continuons l'énumération des coutumes qui, ainsi que le disait M. de Coulanges, ont pour la plupart le prochain en vue.

Il est aujourd'hui d'un usage général de changer la fourchette après le poisson. Dans une maison raffinée, on change de couvert après chaque plat; mais cette mode, très propre, n'étant point universelle, ni pratiquée dans tous les milieux, vous ne laisserez pas votre couvert ni même votre fourchette sur votre assiette avant d'avoir constaté que l'on en apporte d'autres : ce serait mortifier la maîtresse de la maison, qui ne peut peut-être pas changer de fourchette à tous les plats. C'est là une affaire de tact.

Il faut se laisser servir selon l'ordre établi par la maîtresse de la maison. Vouloir, sous prétexte de politesse, déranger le service, est absolument insupportable. Il n'y a à cette règle qu'une exception : si vous vous trouvez placée près d'une personne âgée qu'on a manifestement oubliée, vous pouvez lui offrir de la servir.

Naturellement, on se sert le morceau qui est devant soi, sans avoir l'air de faire une chose qui dénoterait ou de la gourmandise, ou une délicatesse de mauvais goût. Une jeune fille évite cependant de prendre, par exemple, le meilleur morceau d'une volaille, même s'il se trouve placé devant elle.

On doit apporter à se servir toute l'adresse qu'on possède ; il est odieux de verser de la sauce sur la nappe, ou de laisser retomber dans le plat la cuiller dont on s'est servi.

Les asperges se mangent à l'aide de la fourchette, dont on use pour trancher la partie comestible.

On ne met jamais le couteau au poisson.

On ne touche jamais à un os ; dût-on laisser sur cet os une part considérable de chair, on n'y met pas le doigt. Il y a des pays, en Angleterre, par exemple, où une personne qui prendrait entre le pouce et l'index le plus petit os de poulet ou de perdrix serait impitoyablement rangée dans la catégorie des gens dépourvus d'usage et de bonne éducation.

On se sert, pour peler les fruits, de la fourchette à dessert et du couteau à *lame d'argent*. C'est sur le bout de la fourchette qu'on pèle les quartiers de poire, de pomme, les pêches ; on les coupe ensuite en morceaux pour les manger.

Les peaux de raisin se déposent sans bruit et d'une manière aussi invisible que possible sur l'assiette à l'abri de la main.

On se sert de la fourchette pour manger les petits fours ou les fruits glacés.

L'usage des toasts est démodé ; cependant, en certaines occasions on en porte, comme à un mariage, et dans l'intimité de la famille on fait souvent renaître cette vieille et cordiale habitude. En ce cas, si l'on s'adresse à vous, il est inutile de heurter votre verre : vous vous bornez à le soulever.

On se tient droite à table, se gardant du laisser-aller, même dans l'attitude. On ne laisse pas ses mains sous la table. On ne mange pas avec avidité, ni trop vite, ni trop lentement.

Dirai-je qu'il est impardonnable de faire des boulettes de mie de pain ? Oui, puisqu'il faut tout prévoir et tout dire.

L'usage des rince-bouche est presque générale-ment abandonné. Dans beaucoup de maisons on conserve l'habitude de poser devant les convives des bols d'eau parfumée, dans lesquels on se trempe deux ou trois fois le bout des doigts. Si l'on vous sert un rince-bouche, soyez attentive à garder la plus grande délicatesse : pas de bruit, et soulevez le bol de manière qu'on ne voie pas la petite opération assez peu ragoûtante à laquelle vous êtes obligée de vous livrer en public.

Bien entendu, on ne se lève de table que lorsque la maîtresse de la maison en a donné le signal. On évite alors de reculer bruyamment sa chaise, et l'on pose sa serviette sur la table.

Une jeune fille ne prend pas de café d'ordinaire, pas plus que de liqueurs. Bien qu'il n'y ait rien de contraire aux convenances à accepter une très petite dose de liqueur très douce, il est préférable de s'en abstenir.

Vous pouvez offrir à la maîtresse de la maison, si vous la connaissez beaucoup, ou si elle n'a per-sonne pour l'aider, de servir le café et les liqueurs. Si elle accepte, vous devrez observer l'âge et la qualité des personnes à qui il faut en offrir tout d'abord, puis vous surveillerez le moment où il faudra débarrasser les dames de leurs tasses vides.

*
* *

Il est une recommandation que j'allais oublier de vous adresser.

Certaines personnes redoutent, d'ailleurs sans aucune raison, d'être treize à table. C'est là une vraie superstition, que son antiquité ne rend pas plus excusable ; mais comme les gens qui s'en préoccupent sont malheureux et tourmentés quand le chiffre fatal est atteint, vous devez vous abstenir de faire remarquer le nombre des convives, s'il n'a pas attiré l'attention.

*
* *

Une petite observation trouvera ici sa vraie place ; elle n'a, d'ailleurs, d'autre portée qu'une note d'usage et de mod . On ne dit pas : du Bordeaux, du Champagne, mais : du vin de Bordeaux, du vin de Champagne. On ne dit pas davantage : Passez-moi un peu de *volaille,* mais de poulet, de caneton, de chapon, etc. Ce sont là des vétilles, mais il faut, autant qu'on le peut, avoir égard à ces menues traditions, qui font partie d'un ensemble d'éducation raffinée.

La voix. — La prononciation.

Je le sais, Muguette, il n'est pas donné à toutes d'avoir une voix harmonieuse, un visage irréprochable. Aussi n'est-ce point de cela qu'il s'agit.

— Est-ce ma faute à moi, me dites-vous, si dame Nature, au lieu d'un profil grec, m'a fait don de ce nez gigantesque ? Et pensez-vous que je ne serais pas enchantée de posséder une voix à ravir les autres et moi-même, une voix de fauvette ou de rossignol ?

J'en conviens, Muguette, vous n'êtes pour rien dans la forme de votre nez, dans le timbre de votre voix; mais au lieu de la lancer, cette voix, comme des éclats de trompette, que ne la modérez-vous, ne la dirigez-vous ?

C'est là chose qui s'apprend. Quant à votre nez, vous êtes obligée de le subir tel quel, d'en passer par le caprice de la nature, ou de l'accepter comme un legs de famille dont vous avez le droit de n'être nullement reconnaissante; mais si vous ne pouvez rien, quant à sa forme et à sa *réforme*, il vous est au moins possible de ne rien faire pour attirer l'attention sur ce que vous souhaiteriez moins apparent.

Vous n'êtes pas la seule à qui je puisse adresser quelques observations à cet égard. Je connais maintes jeunes filles qui ont de véritables tics : froncements qui font remonter les narines, les ouvrent, les dilatent et prêtent à ces cartilages trop souples des mouvements de lapin broutant des feuilles de carottes ou tout autre régal. Et faut-il le dire? Quelques-unes vont pousser des cris, se voiler le visage, prétendre que je vais trop loin... Que celles-là tournent la page sans la lire, je m'adresse à celles qui ont besoin de mon observation. Oui, Mesdemoiselles, je voudrais vous apprendre à vous *bien moucher*. Je n'insiste pas, mais vous signale seulement deux écueils extrêmes, également opposés au bon ton : éviter de prolonger l'opération ou de la faire avec tant de véhémence et d'éclat que vous réveilleriez toutes les personnes dormant à un sermon ennuyeux. Quelque pieux que puisse être en ce cas le réveil, ne le tentez pas de cette manière. Mouchez-vous *modestement*.

Autre observation (nous sommes toujours à la page que beaucoup ne doivent pas lire). Sortez le mouchoir de votre poche sans vous pencher sur celle-ci, comme s'il s'agissait d'un secret à lui confier ; enfin, ne déployez pas votre mouchoir comme un drapeau, un étendard. Quand vous vous en serez servie, ne le roulez pas en boule, diminuant son volume comme le ferait un prestidigitateur qui voudrait le faire disparaître dans sa manche.

Enfin, sachez vous servir de votre mouchoir, qui sera toujours irréprochable comme un objet de luxe que vous auriez dans l'unique but de le passer sur votre visage. Si vous le parfumez, que ce soit si légèrement, si finement qu'à peine votre proche voisine puisse-t-elle se sentir effleurée comme d'une brise qui aurait passé sur l'iris ou la violette.

C'en est fini de ce sujet délicat ; je parle à toutes maintenant, et à vous en particulier, Muguette, qui vous êtes plainte de n'avoir pas un gosier de fauvette ou de rossignol. Ah ! la voix, j'en conviens, quel charme puissant n'a-t-elle pas ! Il y en a qui remuent délicieusement, comme des vibrations d'âme, voix chaudes et veloutées, limpides ou sonores. Hélas ! on n'a pas celle qu'on souhaite ; la vôtre, Muguette, est un peu ce qu'on appelle une voix blanche, sans timbre spécial. Il faut alors racheter ce qui lui manque par la pureté de la prononciation, la netteté de l'articulation, et vous pourrez ainsi vous faire écouter avec infiniment de plaisir. Si ces deux qualités ne sont pas chez vous naturelles, un peu d'observation et d'exercice vous les fera bientôt acquérir.

Pour la prononciation, veillez aux *o* et aux *a*. Rien n'est vulgaire comme de les prononcer brefs quand ils sont longs, longs quand ils sont brefs, et bien que la grammaire ne mette pas d'accents circonflexes sur certains mots, l'usage veut qu'on les prononce comme s'il y en avait, en atténuant un peu; dites : pôse, rôse. Dénués d'accentuations, ces mots sont horribles, horribles comme la prononciation de votre amie Gertrude, qui vous fait des phrases ainsi accentuées : « J'ai la voix trop *hotte, chaquin* le sait ; on me donne de la *patte* de *guimove* à la *méson*. »

Vous pouvez toutes arriver à la pureté de la prononciation ; vous le devez absolument si vous ne voulez pas qu'on se demande à quel milieu vous appartenez.

A celles qui ont quelque chose de défectueux dans l'articulation, je donnerai un moyen très simple pour se corriger. Imaginez-vous être avec plusieurs personnes, et vouloir vous faire entendre d'une seule qui vous regarde : vous parlez bas en prononçant seulement des lèvres, détachant chaque syllabe.

J'ai entretenu ainsi des conversations avec des sourds-muets, et par ce moyen on arrive très rapidement à une grande netteté de prononciation.

Voyez, tout cela demande l'attention sur soi-même. Pour beaucoup, la pensée seule d'arriver à une forme extérieure plus parfaite ne suffirait pas à leur faire donner l'effort voulu pour réussir. A celles-là, je dirai qu'il y a des mobiles plus élevés : l'amour du prochain, par exemple. Nous lui plaisons, lui sommes d'autant plus agréables que notre perfection est plus grande ; cette pensée seule nous met en mouvement, parce que notre cœur est touché.

Le ton.

« C'est le ton qui fait la chanson. » Vérité d'expérience que ce petit proverbe. Ne l'avez-vous pas remarqué cent fois ? Un ton doux, tout de suite dispose en sa faveur, « prend le cœur par l'oreille », sans qu'il soit presque besoin de paroles. Un ton brusque, au contraire, heurte, blesse et referme avant même que l'on ait rien entendu. Amusez-vous à faire le petit exercice suivant, et vous jugerez de l'importance du ton. Prenez quelques phrases usuelles comme celles-ci, par exemple : « Je ne peux pas — cela m'est égal. » — Et répétez-les en partant du ton le plus bourru pour arriver jusqu'au plus doux ; vous apprécierez ainsi ce que le ton peut apporter de différences, de nuances, dans quelques mots banals. Oui, le proverbe est vrai.

C'est avec mon chien, un bon chien, aimant, fidèle, intelligent, comme ils le sont presque tous, que je m'amuse quelquefois à en faire l'expérience.

Je lui dis doucement : « Phanor, vilaine bête, je t'ai en horreur, tu seras battu, etc. »

Et Phanor qui n'est sensible qu'au ton, à la caresse de la voix, Phanor bat de la queue, se prélasse, s'attendrit... Si, brusquement, durement, je lui dis : « Tu es une bonne bête, peut-être mon meilleur ami, sûrement le plus discret, je te récompenserai... » Phanor baisse la queue, lève timidement les yeux, se demandant quel méfait il a commis.

Nous sommes tous un peu comme Phanor, sensibles à ce qui nous frappe, nous laissant, bon gré mal gré, prendre par le son ; on écoute, on ne pense qu'ensuite. Habituez-vous donc à parler doucement. Posez votre voix ; la voix, c'est tout un clavier, où les mêmes notes résonnent différemment selon le doigt qui les touche ; le même morceau joué avec ou sans expression remue ou laisse froid, indifférent. Selon que nous savons nous servir de notre voix, nous en faisons un instrument qui charme, plaît ou déplaît souverainement. Et dans les relations de famille, quelle importance n'a pas le ton ! On n'y songe pas. Il suffit quelquefois d'une intonation pour ramener quelqu'un à de meilleurs sentiments, effacer une impression fâcheuse, dissiper un nuage ; de même aussi qu'une intonation peut irriter une personne déjà mal disposée. Elle répond brusquement, un mot vif est bien vite lancé, et voilà une discussion qui va dégénérer peut-être en dispute.

Je n'exagère rien; oh! veillez donc, je vous en supplie, à votre ton; qu'il ne soit pas habituellement grondeur quand vous vous adressez à vos plus jeunes frères ou à vos sœurs, à des domestiques, à ceux que vous commandez. Beaucoup croient que c'est là une manière de se faire écouter. On ne peut se tromper plus complétement, car il est rare qu'on tienne compte d'une observation faite sur un ton dur. Celui qui la reçoit est disposé à croire que celui qui la fait soulage sa mauvaise humeur. Il obéit s'il y est obligé, mais le lendemain il recommence parce qu'il n'a pas été convaincu. Rien ne s'impose et ne persuade plus qu'un ton doux; il n'exclut pas la fermeté, tant s'en faut.

Parlez doucement, si vous voulez que l'on croie à votre bonne éducation; voyez comme les gens du peuple élèvent la voix, crient; et quand, parmi eux, vous en rencontrez qui ont ce parler doux que je vous recommande si instamment, tout de suite vous en êtes frappées et dites qu'on les croirait nés dans un autre milieu.

Ceux qui ont le cœur plein de mansuétude et de bienveillance, ont en général cette voix calme et posée. Si ce fond vous manque, faites l'exercice que je vous ai conseillé, et l'habitude de vous observer extérieurement vous amènera peut-être à faire par vertu ce qui n'était d'abord qu'une étude de savoir-vivre.

Le rire.

Une chose que je ne saurais trop vous recommander, c'est le rire. Oh ! de grâce, n'ayez jamais ce rire bruyant, éclatant, qui s'appelle vulgairement « à gorge déployée ». Défendez-vous-en comme chose de très mauvaise éducation.

A Dieu ne plaise que je vous dise de ne pas rire, et de tout votre cœur ! C'est si bon, si dilatant, si communicatif, un rire jeune, un rire frais qui ne cache encore ni déception, ni larmes ! Oh ! riez ! Il viendra une heure, toujours trop tôt, où peut-être vous ne le ferez que par vertu. Que le rire s'épanouisse sur vos lèvres tant qu'il est encore dans vos yeux ; mais ne riez pas comme des folles ou comme des gens sans éducation qui vont jusqu'au bout de leurs forces, jusqu'à se pâmer ; mettez-y de la mesure, de la discrétion. Et surtout ne prenez pas l'habitude, sous prétexte d'amabilité, de rire toujours et sans cesse, à tout propos et hors de propos. Rien n'est plus niais et plus agaçant que ce rire « d'habitude » qui devient une espèce de ricanement. Vous connaissez Mlle Hortense? Ne vous produit-elle pas le même effet qu'à moi? A force de toujours rire, elle m'en enlève toute envie; il faut au moins ici que le ton aille avec la chanson, que la chose en vaille la peine. Riez donc, quand il y a lieu, mais riez avec naturel.

Chacun a son rire; gardez le vôtre en corrigeant ce qu'il a d'excessif, d'outré; n'essayez pas d'imiter telle ou telle, dont vous entendez dire qu'elle a le rire perlé ou musical. C'est vrai qu'il y en a de jolis rires, si purs, si cristallins! Mais on ne se les donne pas à volonté. Ce que vous pouvez toujours avoir, c'est le rire franc qui semble l'épanouissement de l'être et apporte comme un souffle jeune à celui qui l'entend, le rire de bonne humeur respirant la santé de l'âme. Mais pour cela, n'ayez pas un rire qui consiste en une sorte de petits hennissements, rire qui vient de la gorge, passe à travers les lèvres presque fermées et secoue les épaules; ne vous élargissez pas non plus la bouche jusqu'aux oreilles, et ne l'ouvrez pas si grande que vous laissiez voir vos trente-deux dents, ou ce qui serait plus triste, quelques places vides. Ne riez pas en mangeant..., vous voyez pourquoi sans que je prenne la peine de l'expliquer.

Et, maintenant, ne riez jamais uniquement parce que vous voyez rire, sans comprendre le pourquoi, le mot qui l'a provoqué... Vous risqueriez de tomber à faux, car il est des cas, bien fréquents, où l'on doit rester sérieux au milieu de ceux qui ne le sont pas. Vous ne devez jamais rire d'une méchanceté dite, ce serait l'approuver; d'une plaisanterie touchant à la religion, aux personnes consacrées, vous partageriez la faute, vous l'encourageriez. Il y a des rires qui valent les pires des paroles.

Est-il nécessaire d'ajouter que si l'on faisait devant vous des plaisanteries d'un goût douteux, si l'on se laissait aller jusqu'à des mots et à des propos inconvenants, le moindre sourire de votre part ne le serait pas moins; vous vous manqueriez au respect que vous vous devez à vous-même, et engageriez les autres à en manquer aussi.

Conversation.

La personnalité, la vanité, la médisance, la moquerie, le commérage, l'indiscrétion.

Le savoir-vivre, s'il est pris dans le sens le plus haut, est inspiré par la charité. En tout cas, il la remplace là où elle n'a point de racines, et il n'est pas seulement coupable de médire, de discuter aigrement, de se livrer à la curiosité et de se montrer importun : c'est encore contraire à la politesse et aux convenances.

Dans la conversation, il faut éviter la vanité et l'égoïsme, d'une part ; la méchanceté, l'aigreur et la médisance de l'autre, et enfin, il faut se montrer discrète, toutes choses qui supposent de grandes qualités ou qui suppléent à celles qui peuvent manquer.

Si les jeunes filles causent avec des personnes plus âgées qu'elles, elles n'ont point, évidemment, à diriger la conversation ; leur rôle est de répondre plutôt que d'interroger, ou, si elles interrogent, ce doit être avec mesure et une nuance de respect, surtout sans cette apparence de curiosité qui touche au commérage, à l'inquisition, et qui est aussi contraire aux bonnes manières que désagréable à autrui.

On se plaint aujourd'hui que les jeunes filles prennent justement dans la conversation une initiative des plus inconvenantes, qu'elles oublient absolument la ligne de démarcation que tracent l'âge, d'une part, la situation et l'expérience, de l'autre, et qu'elles se posent sur un pied d'égalité avec des femmes auxquelles elles devraient témoigner des égards. On dit que la jeunesse de nos jours est encombrante, qu'elle ne voit qu'elle, et traite irrévérencieusement de *vieilles têtes* les personnes ayant dépassé la trentaine; ce qui est sûr, et ce que nous, qui aimons cette jeunesse malgré ses défauts, nous ne pouvons nier, c'est qu'elle accapare souvent dans un salon le dé de la conversation, à moins qu'elle ne dédaigne les *antiquités* qui s'y trouvent, et ne réponde que maussadement et par monosyllabes à ce qui lui paraît dénué d'intérêt.

Je voudrais, Mesdemoiselles, vous persuader qu'il n'y a pas de conversation dans laquelle on ne puisse trouver justement un intérêt quelconque.

D'abord, en interrogeant avec cette nuance de respect dont je vous parlais les personnes âgées, en les mettant sur leur terrain, en évoquant leurs souvenirs ou en faisant appel à leurs facultés spéciales, vous avez beaucoup de chances d'apprendre des choses intéressantes, utiles, souvent même amusantes. Cela ne fût-il pas, eussiez-vous affaire à des ennuyeux, dussiez-vous entendre rabâcher ou dire des lieux communs, il y aurait encore là un acte de politesse à accomplir, une petite victoire à remporter sur vous-même, très souvent une marque de bonté à donner. Si vous saviez, en effet, combien de vieillards sont par exemple heureux de se voir écoutés, de rentrer en communion avec cette jeunesse qui leur inspire presque toujours de la sympathie! Votre attention, votre respect, votre intérêt leur réchauffent le cœur; ils peuvent vous donner quelque chose, et vous leur donnez à votre tour.

*
* *

Et savez-vous quelle est la qualité la plus nécessaire dans la conversation? C'est de savoir écouter. Les gens qui possèdent cette qualité sont toujours réputés pour avoir de l'esprit. Et après tout, savoir écouter, ce n'est pas vulgaire; cela suppose de la bonté, de l'amabilité, de l'abnégation aussi, car les gens égoïstes ont une tendance innée à parler d'eux-mêmes ou à faire briller leur esprit; enfin, cela dénote cette valeur qui est toujours prête à tirer profit de ce qu'elle entend, et qui désire recueillir pour pouvoir mieux donner.

Savoir écouter, c'est en effet tout un art. Cela ne consiste pas à garder le silence pendant que les autres parlent, en ayant l'air distrait, en pensant à autre chose; il faut encore s'intéresser ou avoir l'air de s'intéresser à ce qu'on dit, de manière à donner la sympathie qui est implicitement demandée. Vous direz peut-être qu'il y a une certaine hypocrisie à paraître prendre intérêt à des choses qui vous sont complétement indifférentes, ou à montrer une sympathie qu'on ne ressent pas au fond. Ce n'est pas là de l'hypocrisie, c'est de la charité, ou tout au moins de la politesse, qui brave souvent l'ennui pour être agréable au prochain.

Apprenez donc à écouter de la manière dont vous aimez à être écoutée lorsque vous parlez vous-même. Vous recevrez, sans la chercher, votre récompense : vous finirez par trouver à ce qu'on vous dit un intérêt réel, qui ne peut être goûté que par les personnes oublieuses d'elles, et non par celles qui n'ont qu'une idée : parler à leur tour, et occuper les autres le plus tôt et le plus longtemps possible.

*
* *

Quand vous causez plus librement, avec des personnes plus jeunes, vis-à-vis desquelles vous n'avez pas la contrainte du respect et de certaines convenances, vous n'en êtes pas moins astreintes à des règles de savoir-vivre et de politesse.

D'abord, il faut éviter de parler de vous, ou ne le faire que dans la mesure qu'exigent une certaine confiance et la politesse elle-même. Dites-vous bien que ce que vous considérez comme très intéressant parce que cela *vous* touche, l'est beaucoup moins pour les autres, justement parce que cela ne *les* touche pas. En ne les entretenant que de vos affaires, vous risquez de les importuner, d'exciter leur jalousie, s'ils n'ont pas de sentiments élevés, ou de vous donner du ridicule.

Nous sommes très prompts, en effet, à saisir le ridicule chez les autres, et à pénétrer leurs faiblesses. Nous nous moquons impitoyablement, par exemple, d'une personne qui se targue des avantages qu'elle possède et auxquels, d'ailleurs, elle n'a souvent aucune part. Il nous semble odieux d'entendre faire parade de sa fortune. Certaines jeunes filles déploient une finesse qu'elles croient très subtile pour amener dans la conversation les allusions plus ou moins voilées à la voiture ou aux diamants de leur mère, à leur parenté aristocratique, à l'argent qu'on dépense chez elles, aux fournisseurs en renom auxquels elles s'adressent, etc. Que ne peuvent-elles savoir à quel point elles manquent leur but, qui est d'inspirer une certaine admiration ! D'abord, ces prétendues finesses qui sont, selon le dicton populaire, cousues de fil blanc, sont découvertes au premier abord par ceux qui les écoutent ; on pénètre leur vanité, on rit d'elles, et ceux qui ne haussent point les épaules leur attribuent l'intention méchante d'avoir voulu exciter l'envie.

Ne soyez pas vaniteuses. C'est un défaut, et, en outre, une preuve de mauvais goût et un faux calcul. Si vous avez de la beauté, des talents, de la fortune, certaines gens ne vous les pardonneront que si vous paraissez les oublier, et ce qui est en vous un mérite ne sera apprécié que si vous y joignez la modestie.

Il ne faut pas médire. C'est encore un défaut, et c'est aussi une infraction au savoir-vivre. Je ne m'étends pas sur ce défaut, dont il vous sera parlé dans un article spécial; sachez seulement qu'on considère comme une personne mal élevée celle qui ne trouve point d'autre sujet de conversation que les défauts et les faiblesses d'autrui.

J'en dirai autant de la moquerie. C'est là un défaut fréquent parmi les jeunes filles; je ne m'étends pas en ce moment sur ce qu'elle a d'odieux et même de désastreux quant à ses conséquences.

*
* *

J'ajoute encore qu'il faut éviter dans la conversation les disputes, les reproches, les explications trop vives, les discussions trop animées, tout ce qui, en un mot, peut amener l'aigreur, la colère, l'impertinence, tout ce qui peut aboutir à une parole méchante, à la froideur, à la brouille, à la rancune.

Enfin, une jeune fille comme il faut évitera les commérages, la curiosité et l'indiscrétion.

Rien n'est vulgaire comme le commérage; c'est le fait d'un petit esprit, d'une intelligence médiocre ou étrangement vide. S'intéresser aux toilettes de Mlle X..., aux dîners de Mme Z..., au nombre de fois que Mme N... entre chez le pâtissier, ou aux menus faits quelconques concernant le prochain, prouve qu'on ne sait ni employer son temps, ni occuper sa pensée. Il est rare, d'ailleurs, que la passion du commérage soit bienveillante. Elle comprend généralement l'esprit de critique, de dénigrement, et les interprétations malignes, injustes ou méchantes.

Quant à l'indiscrétion, il faudrait un long chapitre pour en décrire toutes les faces odieuses. Car je ne parle pas ici de cette indiscrétion grossière, vulgaire et vraiment déshonorante qui consiste à répéter ce qu'on vous a confié. Celle-là, Mesdemoiselles, vous la haïssez, j'en suis sûre, car elle n'a pas d'excuse. Trahir un secret ou seulement une confidence nous rabaisserait à nos propres yeux. Mais il y a différents genres d'indiscrétion qui excitent moins de scrupule, et auxquels se laissent aller des personnes mêmes qui se piquent de délicatesse.

Combien de fois n'avez-vous pas, par exemple, entendu dire : « Je vous annonce tel événement ; c'est un secret que j'ai découvert, mais comme on ne me l'a pas confié, je me trouve libre de le dévoiler. »

Ne trouvez-vous pas que ceci ressemble à l'action de quelqu'un qui, ramassant un objet sur la voie publique, se l'approprie sous prétexte que le propriétaire n'a pas fait appel à sa probité? Le secret d'autrui est sa propriété ; est-il moins sacré parce qu'il l'a laissé surprendre malgré lui ? Il a ses raisons pour le garder ; n'est-ce pas lui faire tort de le crier par-dessus les toits ?

Ce que je dis d'un secret formellement surpris, s'applique aussi aux suppositions plus ou moins gratuites que font certaines personnes, et qui peuvent faire tort au prochain. Laissons donc les affaires d'autrui, ne nous en mêlons pas, n'en faisons pas le sujet de notre curiosité, de notre indiscrétion, de nos commérages. Aimerions-nous qu'on s'occupât ainsi de nous, qu'on épluchât notre manière d'être, nos actions, et jusqu'à nos intentions et à nos pensées les plus secrètes ? Et ne devons-nous pas traiter autrui comme nous voudrions qu'on nous traitât ?

Une autre forme d'indiscrétion, qu'il n'est pas rare, malgré sa vulgarité, de rencontrer chez des gens mêmes se piquant d'être bien élevés, ce sont les questions plus ou moins directes. Un bruit court dans la ville : on s'en va interroger la personne intéressée, et cela brusquement, de manière à l'embarrasser, à la surprendre, à la faire trahir malgré elle ce qu'elle désire cacher.

Il faut se bien persuader de ce principe que nul n'a le droit d'intervenir dans ce qui regarde autrui, et qu'il y a de l'indélicatesse, un manque de probité même, à épier ses démarches, ses paroles, à lui arracher ce qu'il désire garder pour lui.

Enfin, une des règles de la discrétion est d'éviter de gêner, d'importuner les autres. C'est ce tact, si utile, si indispensable dans les relations de famille et de société, qui nous fera abréger une visite trop longue, qui nous indiquera le moment où il faut changer de conversation, qui nous fera sortir si l'on refuse d'ouvrir une lettre reçue en notre présence, ou, si on lit cette lettre, nous fera détourner les yeux pour ne pas surprendre des impressions involontaires qu'on ne voudrait pas voir pénétrées par nous. En un mot, la discrétion est le soin qu'on prend de ménager le prochain, de le respecter, de lui éviter des chocs, des froissements, des contrariétés. Une personne parfaitement bonne et délicate sera parfaitement discrète. La discrétion est l'inséparable apanage de la distinction.

Mais j'entends ici, Mesdemoiselles, une objection ou une réflexion : « S'il faut, dites-vous, éviter tant de choses dans la conversation, quels sujets reste-t-il à traiter ? »

Tout ce qui est vraiment élevé et vraiment intéressant, d'abord. Ensuite, tout ce qui est agréable au prochain. Vous ferez acte d'amabilité et de bonté en parlant à une mère de ses enfants, à un enfant de ses jeux, à une pensionnaire de ses études et de ses récréations. Cela ne vous amusera peut-être pas d'abord; mais l'on arrive à goûter le plaisir d'autrui, et à se faire un plaisir personnel de le procurer. Ensuite, il y a les sujets plus ou moins spéciaux, sur lesquels on a tout à gagner en laissant parler ceux qui les possèdent. Un peintre, un musicien, un écrivain, un médecin, un marin, un officier, un agriculteur, un ingénieur, peuvent, par leur conversation, accroître la somme de nos connaissances, et c'est un art de tirer de chacun ce qu'il peut donner.

Pour le moment, d'ailleurs, je vous le répète, vous n'êtes appelées à diriger des conversations qu'entre vous. Mais, essayez de les garder à un niveau intéressant ; vous verrez combien cette habitude élève l'esprit, quel agrément on y trouve, quelle valeur on y puise.

Un proverbe.

« La bouche parle de l'abondance du cœur. »

Personne ne conteste la vérité de ce proverbe, qui ne vient pas seulement de la sagesse des nations, mais de la Sagesse elle-même, de Notre-Seigneur Jésus-Christ.

Oui, il est naturel de parler de ce que l'on aime, de ce qui remplit le cœur et l'imagination ; si l'un et l'autre sont purs, généreux, les paroles seront l'expression de sentiments semblables ; au contraire, pervers, mesquins ou méchants, la conversation les reflétera tels. La fontaine peut-elle déverser des eaux différentes de celles de sa source ?

Chacun s'entretient plus volontiers de ce qui occupe habituellement sa pensée. C'est incontestable ; vous pouvez vous-même, chaque jour, en faire l'expérience. Songerez-vous à dire sérieuse cette jeune fille qui ne parle que modes et chiffons ? Frivole et légère, celle qui s'entretient d'études, de questions préoccupant les êtres qui l'entourent et qu'elle aime ?

Nos conversations disent notre cœur ; elles révèlent ce que nous sommes.

Hélas ! faut-il le dire ? Si je juge, comme j'en ai le droit, d'après les conversations, que de tristes révélations me seront faites sur le cœur et l'imagination de trop de jeunes filles ! Combien seraient peu flattées qu'une personne à l'estime de laquelle elles tiennent, entendît ce qu'elles disent et chuchotent à voix basse avec telle et telle de leurs amies !

Soyez, sur ce sujet, intraitables avec vous-même et avec les autres, ne vous permettant jamais ce que vous ne diriez pas volontiers en présence de votre mère.

Mauvaises langues.

Les péchés de la langue ! Sous ce titre, un illustre évêque a écrit un volume intéressant où chacun peut trouver à prendre pour son propre compte. Le sujet est inépuisable ! Je n'y toucherai qu'au point de vue du savoir-vivre.

Il suffirait de renvoyer aux enseignements du catéchisme et de s'y conformer pour être assuré de ne jamais manquer aux règles les plus sévères du plus sévère traité. Et si l'on mettait à cet égard en pratique la maxime de l'Évangile : « Traitez votre prochain comme vous-même », on aurait avec le fond le plus solide la forme la plus parfaite.

Ce que nous sommes difficiles quand il s'agit de nous-mêmes, pointilleux, susceptibles, sur le moindre mot qui peut être dit !

Si nous ne disions jamais des autres que ce que nous souhaitons que l'on dise de nous, quel charme, quelles facilités dans les relations de la famille et de la société ! quelle exquise charité ! quelle délicieuse indulgence ! « Traiter son prochain comme soi-même !... » Heureux prochain ! de quels égards ne se verrait-il pas l'objet ! quels échos de louanges retentiraient sans cesse à ses oreilles !

L'âge d'or renaîtrait... N'y pensons point.

Mais flétrissons tout de suite et comme elles le méritent ce qu'on appelle dans le monde « les mauvaises langues ».

Pour celles qui aiment à dénigrer, déchiqueter, déchirer le prochain, il n'y a pas de plus doux plaisir que de le trouver en faute, de surprendre une faiblesse, de mettre en relief un défaut, de raconter un fait qui va le ridiculiser ou le faire paraître à son désavantage ; si le fait n'existe pas, il reste l'intention ; celle qu'on suppose est toujours condamnable ; toujours on peut trouver à un acte, quelque bon qu'il soit en lui-même, un motif qui en atténue le plus beau côté.

La mauvaise langue ! Il n'y a rien de pis ; mais une fois qu'elle est connue, elle reçoit bientôt son châtiment ; on la craint comme la peste, on s'observe devant elle, on sait qu'il est redoutable de tomber sous ses coups, on l'évite, on la fuit, et on l'accuse de beaucoup de cancans, de calomnies et de médisances dont peut-être elle n'est pas l'auteur.

Mais que voulez-vous, sa réputation est là. S'il court un bruit fâcheux dont on ignore la source, on le lui attribue aussitôt; si elle n'est point *coupable,* on sait qu'elle en est *capable.* Cela suffit pour lui faire porter la faute d'une autre. Une de plus ou de moins ne la charge guère.

Mauvaises langues! Quand elles sont bien reconnues, il faudrait les mettre au ban de la société; mais quelques-uns les fréquentent parce qu'ils en ont peur, d'autres par pure curiosité, amour des nouvelles, car les mauvaises langues sont toujours mieux informées que les autres, au moins le prétendent-elles. On les recherche encore parce que parfois elles sont drôles, elles amusent, font rire. Mais, prenez garde, l'esprit qui s'exerce aux dépens du prochain est bien facile! Vous riez des moqueries de cette mauvaise langue, demain c'est vous qui lui prêterez le flanc, lui servirez de cible.

Si la raillerie n'est souvent qu'indigence d'esprit, a dit La Bruyère, elle dénote bien plus encore la pauvreté de cœur.

Ne vous flattez donc pas d'échapper aux coups de la mauvaise langue pour être son amie.

Celle qui se plaît à déchirer le prochain n'en connaît point. Elle ferait pendre le meilleur pour un bon mot. Peu lui importe de blesser ou de tuer si elle fait rire.

L'Écriture sainte lance contre la langue médisante de terribles anathèmes :

« Langue mensongère, quel fruit vous reviendra de toutes vos impostures ?... vos paroles sont comme des flèches... elles brûlent comme des charbons ardents... »

Ces charbons ardents reviendront brûler ceux qui les ont allumés ; ces flèches retourneront à ceux qui les ont lancés... Et ce sera bien fait.

L'argot.

J'ai hésité avant d'inscrire un mot aussi laid en tête de ce chapitre. Mais comment faire? S'il désigne une chose encore plus laide, très regrettable, tendant à se propager et à défigurer notre beau langage, il faut bien en parler et dire ce qu'il est.

Hélas! Mesdemoiselles, il est la ruine de notre chère langue française.

Un spirituel écrivain, dans un livre intitulé l'*Ancêtre*, a fait revivre, par une amusante fiction, un habitué de la cour du grand roi. Embaumé tout vivant par un procédé dont l'auteur ne garantit pas le succès, il s'éveille en plein XIXe siècle, et s'ébahit, comme bien vous pensez, des changements qui ont passé sur la face du monde. Au lieu du Roi-Soleil qui disait : « L'État, c'est moi », il voit réunie à Versailles une assemblée de sept cents représentants du peuple souverain; les carrosses majestueux et les pittoresques chaises à porteur sont remplacées par les chemins de fer et les fiacres, les habits de velours par les complets à carreaux ; son descendant est député, et le valet de chambre du dit descendant, qui est électeur, vote contre son maître. Sa petite-fille, au lieu de se tenir droite et silencieuse comme jadis, fait, comme on dit vulgairement, la pluie et le beau temps dans la maison ; quant au petit-fils, étudiant en médecine, il ne dit pas un mot qui ne soit une énigme pour le pauvre ancêtre, car il parle argot, lui, et autant vaudrait employer l'idiome des Hottentots ou des Algonquins. Le résultat de l'expérience tentée par ce revenant d'outre-siècle, c'est qu'il a le mauvais goût de tout trouver inférieur ou dégénéré. Il faut dire qu'il n'a pas de chance : la vapeur lui joue des tours pendables, et le train dans lequel il a pris place déraille au grand dommage d'une vingtaine de blessés. Comme par hasard, la séance de la Chambre à laquelle il assiste est odieusement agitée, et les sept cents rois qui se vantent d'être la monnaie du Roi-Soleil se disputent comme des crocheteurs ; le valet de chambre électeur le prend en grippe et se montre insolent sans qu'il puisse lui donner des coups de canne. Quant au petit-fils, il renonce à le comprendre. Aussi, usant une seconde fois du secret qui lui a permis de dormir deux siècles, il s'endort de nouveau, dans l'espoir que quatre ou cinq révolutions passeront sur sa tête, et qu'il s'éveillera pour revoir une France plus à son gré.

Je pensais, Mesdemoiselles, qu'on pourrait user de la même fiction, en supposant cette fois qu'une demoiselle de Saint-Cyr, par exemple, revient au monde et tombe, comme des nues, dans une de nos maisons.

Vous la voyez d'ici, avec son corset bien raide, qui la fait tenir droite, ses jupes de serge et ses coiffes de taffetas. Elle a la voix douce et mesurée; si elle n'a pas été initiée aux mystères de l'algèbre, de la physique et de la chimie, comme ses sœurs du XIXe siècle, elle a été nourrie des bons auteurs, et a vu passer dans les fêtes de Saint-Cyr la cour la plus spirituelle du monde, avec toutes les grandes figures qui rendent cette époque unique et brillante entre toutes. Elle a joué *Esther* et *Athalie*, Racine lui-même présidant aux répétitions; c'est peut-être elle qu'il a grondée un jour pour n'avoir pas assez délicatement saisi les délicatesses du vers, et dont il a ensuite, naïvement et paternellement, essuyé les yeux avec son mouchoir. Elle a peut-être entendu le grand Bossuet parler dans la chapelle cette langue admirable dont chaque mot contenait un monde d'idées et de développements; le doux Fénelon a peut-être prêché devant elle les délices de l'amour divin et la sainte liberté des enfants de Dieu. La spirituelle Sévigné a pu lui exprimer l'enthousiasme que lui causaient les très parfaites représentations de Saint-Cyr. Enfin, elle a vu s'asseoir au milieu de ses compagnes celle qui venait chercher dans cette paisible retraite l'oubli des soucis et des grandeurs : elle a recueilli journellement, de la bouche même de Mme de Maintenon, ces leçons pleines de sagesse, trempées d'une éloquence simple, pénétrante, qui formaient ses idées, développaient son intelligence et son jugement dans le sens le plus élevé et le plus pratique, et l'accoutumaient sans effort à s'exprimer elle-même avec cette noble simplicité qui était l'apanage d'une telle éducation comme aussi d'un tel siècle.

Imaginez donc cette demoiselle transportée dans une maison où un ou deux collégiens exubérants ont initié leurs sœurs, élèves trop dociles, aux mystères de ce terrible argot. Elle s'entendra dire, non sans surprise, qu'elle doit être *éreintée* du voyage. Si elle a jamais ouï un tel mot, il a dû être dit à propos d'un laquais insolent et fripon que son maître a roué de coups. On s'écriera que sa toilette est délicieusement *rococo,* que sa robe manque de *chic,* mais que sa révérence est tout à fait *genreuse.* Si ses hôtes sont très lancées, elles lui offriront de se *ballader.* Elles s'exprimeront sans ménagements sur l'éducation d'autrefois. Racine, d'abord, ça ne se lit plus, c'est déjà trop d'apprendre au cours ses tirades encroûtées. Les Oraisons funèbres? Des grandes *machines* faites pour procurer un doux sommeil. Corneille? Une vieille perruque. Saint-Cyr? une *boîte* où l'on devait s'emb... nuyer à cent francs l'heure. Quant à cette interjection, composée de trois lettres et commençant par un Z, elle retentit plus d'une fois dans une conversation devenue familière, et doit intriguer étrangement des oreilles non initiées.

Mais ce n'est pas tout. Les superlatifs sont à la mode de notre siècle. La demoiselle d'autrefois entend avec effroi déclarer qu'on meurt d'inanition parce que le dîner est en retard d'un quart d'heure, que la cuisinière est *insensée*. Elle apprend, non sans stupeur, que le chapeau de Mlle X... est un *bijou*, et celui de Mlle Y... un *monstre*. Elle s'étonne qu'on *adore* le beefsteack, et qu'on *déteste* lire. Elle se demande ce que c'est que d'avoir *dans le nez* une amie réputée *assommante*. Elle fait des réflexions sur la conversation de Mme N... qui est *mortelle*, et sur celle de Mme L... qui est *tordante*. Pour elle, qui ne peut perdre en un jour l'habitude d'employer des expressions justes, qui a appris à appliquer aux choses exactement le mot qui leur convient, elle paraît absolument froide quand elle dit que l'entremets est bon, alors qu'elle devrait dire exquis, délicieux, et que la musique est excellente, alors qu'il faudrait dire *délirante, passionnante, enlevante*.

Et comment, sans une longue initiation, saurait-elle qu'*avoir des tuyaux* signifie posséder des moyens d'information, que *filer* veut dire s'en aller, et non tenir un fuseau? Que s'*ennuyer* est un terme adouci, effacé, et que pour exprimer l'ennui (cette racine naturelle dont est sorti justement le verbe en question), il faut dire s'*assommer*, ou ajouter au verbe s'ennuyer une comparaison plus piquante que juste, telle qu'un *rat mort* ou une *croûte derrière une malle*?

Ne pensez-vous pas, Mesdemoiselles, que la protégée de Mme de Maintenon, comme l'ancêtre de Victor Fournel, demandera à fuir un monde où tout est trop nouveau pour elle, et où elle n'entend pas un mot qui ne la stupéfie ou la choque?

Les jeunes filles qui n'ont pas de frères vont peut-être trouver ce chapitre exagéré et invraisemblable. Les autres s'écrieront, non peut-être sans s'indigner, qu'elles parlent argot pour s'amuser, à la vérité, mais seulement dans l'intérieur de leur famille. La valeur de cette excuse est discutable, attendu qu'on peut se demander si ce qui n'est pas convenable dans le monde l'est davantage vis-à-vis de ceux qu'on est tenu de respecter. Mais on peut en tout cas répondre, au point de vue pratique, qu'une habitude contractée chez soi se quitte difficilement ailleurs, et que si l'on émaille continuellement son langage d'expressions absurdes, vulgaires, communes, on les emploiera partout, presque sans s'en douter.

Quant aux simples exagérations, si fort à la mode aujourd'hui, elles sont certainement contraires à la distinction, qui comporte toujours la mesure. Elles déforment en outre cette langue, que toutes vous aimez, mais que vous contribuez, hélas! pour votre part, à transformer d'une manière malheureuse et à défigurer.

La pose.

Je vous ai confessé mon antipathie pour l'argot, Mesdemoiselles ; j'ai bien peur que le mot qui désigne ce chapitre ne fasse partie de son dictionnaire détesté ; mais ce qu'il exprime est entré dans nos mœurs, hélas ! comme lui-même dans notre langage, et il a une origine artistique qui le rend un peu moins laid. D'ailleurs, je ne saurais par quel équivalent le remplacer, car le défaut, la manière d'être qu'il peint est moderne, essentiellement moderne. Non que le principe n'existât dès autrefois : nos défauts sont vieux, on les retrouve à chaque époque ; mais ils affectent une forme différente.

Ainsi, la pose est tout simplement le désir de se faire remarquer ; mais jadis ce désir se traduisait autrement ; il s'appelait de l'affectation, de la recherche, de la prétention. Aujourd'hui, il est plutôt une originalité quelconque, fût-ce une bizarrerie, mais il est le souci constant du public, et c'est pourquoi il a reçu ce nom de *pose*.

Vous avez toutes vu des portraits d'autrefois, remontant à diverses époques. Selon ces époques, et selon les personnages qu'on représentait, la pose était différente : pour les gens célèbres, peints par de grands artistes, c'était une attitude altière et comme dédaigneuse du public ; pour les modestes bourgeois, *portraicturés* par des pinceaux prétentieux et médiocres, c'était, ou la gaucherie, fruit mal venu de la timidité, ou la bouffissure d'une vanité naïve, les hommes s'appuyant sur une pile de livres dont les titres, très lisibles, étaient censés révéler leurs aptitudes savantes, les femmes montrant un bracelet d'or ou se préoccupant du dessin de leur châle de Kachemyr.

La pose, toujours la pose.

Aujourd'hui, les peintres s'appliquent à nous donner quelque chose de plus naturel en évitant justement de faire poser. Ils font causer leurs modèles, et essaient de leur faire oublier qu'on les peint. Réussissent-ils? On pourrait penser, devant certains portraits, que les modèles exagèrent la désinvolture. C'est encore un genre de *pose*.

Eh ! bien, dans la vie réelle, les jeunes filles s'habituent à poser devant le public. Quel est leur but ? Ce n'est pas toujours de plaire, c'est très souvent de fronder. On sait très bien que tel genre déplaira à tel milieu, on le cultive tout de même.

On veut surtout se distinguer des autres, fût-ce en mal. Aussi entendez-vous des phrases comme celle-ci, qui, nous l'avouons, est assez étonnante : « Mlle X...? oh! non, au fond, elle n'est pas coquette et mal élevée comme on pourrait le croire : *c'est un genre de pose !* »

Oui, on arrive, vous l'avez vous-même constaté vingt fois, à poser pour ce qu'on n'est pas. Mais quel démon pousse les jeunes filles à paraître pires qu'elles ne sont? Tant qu'à poser, j'aimerais mieux, je l'avoue, *le genre de pose* d'autrefois, qui consistait à paraître plus réservée, plus polie, plus modeste, plus douce, meilleure, en un mot, qu'on ne l'était peut-être réellement. Cela avait un avantage : à force de *paraître meilleure,* on le devenait souvent, en effet. En tout cas, cela donnait à une société un vernis agréable.

Les jeunes filles de nos jours sont en général très mal jugées par les personnes âgées et sérieuses. Moi, qui les vois de près, je sais qu'elles sont *trop* mal jugées, qu'elles ne valent pas moins que leurs devancières, et qu'on exagère leurs défauts, tandis qu'on méconnaît leurs qualités. Mais à qui la faute? On ne juge, dans le monde, que sur l'apparence. Pourquoi affichent-elles des défauts qu'elles n'ont pas? Pourquoi grossissent-elles leurs travers? Pourquoi s'appliquent-elles à déguiser, à déformer ou à cacher des qualités très réelles ?

Eh ! bien, Mesdemoiselles, si vous voulez être des femmes distinguées, si vous voulez pratiquer le savoir-vivre, sachez qu'il proscrit, avant tout, la pose.

Et j'entends toute espèce de pose, celle qui consisterait à se montrer affectée, minaudière, comme celle qui vous transforme en gamins mal élevés, comme celle qui s'en va à la recherche d'une singularité de coiffure, de toilette, de langage, de manières, dans le but de se marquer soi-même d'une originalité quelconque, souvent très fâcheuse. La femme vraiment comme il faut ne pose pas, parce qu'elle a horreur d'attirer l'attention, et d'exciter la critique qui, presque toujours, va de pair avec elle.

Mais voyez ce que c'est que le retour des choses d'ici-bas ! Par suite de l'abus qu'on a fait de la pose sous toutes ses formes, voici que, sans le chercher, sans le vouloir, sans le savoir, c'est la femme qui ne pose pas, qui se marque elle-même d'un cachet à part, cachet de bon aloi, celui-là, car c'est le naturel, la sincérité dans les manières, dans le langage, dans l'attitude : la sincérité, la simplicité qui résultent de l'oubli de soi. Car enfin, il faut le reconnaître, la pose, comme presque tous nos défauts, provient de ce culte du moi qui est odieux aux autres. Dès qu'on ne pense plus à soi, dès qu'on dédaigne de se regarder, de s'attifer au moral ou de se travestir dans une intention personnelle, on arrive, sans même s'en douter, au but qu'on n'a point poursuivi : on est charmant et l'on plaît à tous. J'ajoute tout bas qu'on se distingue des autres, justement par la simplicité qu'elles n'ont pas.

L'ordre.

Une des choses qu'exige le plus impérieusement le respect de soi-même, c'est l'ordre. L'ordre extérieur est, à vrai dire, l'emblème ou plutôt le résultat, le reflet de l'ordre qui régit et discipline à l'intérieur l'esprit et l'imagination. Il découle tout naturellement d'une nature bien réglée, et est un besoin pour toute personne ayant le sentiment de l'harmonie.

L'habitude de l'ordre est plus facile à prendre qu'on ne le pense, et elle procure de véritables jouissances à ceux qui l'ont contractée. J'ajoute qu'elle est un devoir envers les autres, que le désordre choque ou gêne inévitablement.

Une jeune fille doit donc mettre de l'ordre dans sa vie extérieure, et d'abord dans sa chambre.

Cela n'a l'air de rien, Mesdemoiselles, de ranger votre chambre ; et cependant, il y a là, en germe, toute la tenue d'une maison.

Je ne sais pas comment est votre chambre.

Si vos parents sont riches, elle est élégante ; s'ils ne le sont pas, elle est simple. Peut-être n'y avez-vous qu'un lit de fer, une armoire et une table ; peut-être y a-t-on déposé de vieux meubles démodés. Belle ou laide, vous pouvez toujours la rendre agréable avec de la propreté, du soin, de l'ordre.

Rien n'y doit *traîner,* comme on dit vulgairement. A toute heure du jour, on doit pouvoir y entrer sans vous faire honte. Je suis toujours prise d'impatience et de pitié quand j'entends une jeune fille défendre l'entrée de sa chambre sous prétexte qu'elle n'est pas rangée. Si votre chambre est jolie, le désordre la dépare ; si elle est laide, il la rend repoussante.

La toilette, qu'elle soit placée dans votre chambre ou dans un cabinet voisin, doit être tenue avec la plus grande propreté : il est odieux de trouver de l'eau de savon dans une cuvette ou un peigne sur une table.

Une femme comme il faut tient toujours sa chambre de manière qu'on puisse la voir à toute heure, et de cette habitude de soin, de propreté, de rangement, naît le plus souvent cet instinct d'harmonie et d'élégance qui embellit ce qui est joli et rend agréable ce qui est laid : la disposition heureuse des meubles, des bibelots, des fleurs, etc., chose incompatible avec le désordre et l'encombrement.

*
* *

Il vous sera encore parlé de cette question si importante de la tenue d'une chambre ; de même on vous parlera de l'ordre dans la toilette. Aussi ne veux-je, en ce moment, qu'en tracer les grandes lignes, en vous disant que toute femme qui se respecte fait pour sa toilette ce qu'elle fait pour sa chambre, c'est-à-dire qu'elle est toujours prête à recevoir n'importe qui. Elle évite les contrastes, les variations qui changent sa physionomie, qui la montrent, le matin, vêtue d'une robe salie ou déchirée, les cheveux en broussailles, et le soir, parée avec un excès d'élégance et frisée comme une tête de coiffeur. Elle établit, certes, des différences entre les diverses heures du jour, et aussi les différentes circonstances qui exigent une toilette plus ou moins relevée ; mais la tenue est toujours la même. Il faut qu'une jeune fille soit coiffée en se levant. Elle ne doit revêtir de robe de chambre que dans sa chambre ou si elle est malade. Elle portera des toilettes aussi simples qu'elle le voudra (et la simplicité est évidemment pour elle un indispensable élément de distinction), mais jamais une robe tachée ou déchirée. C'est aussi une habitude à prendre, que celle de nettoyer ou de raccommoder immédiatement ses vêtements. Le détestable système des épingles remplaçant les agrafes ou les boutons fait tout de suite juger une femme, — et la mal juger, — sans compter qu'il aggrave le dommage et le rend souvent irréparable.

Il faut arriver à ne pouvoir supporter le désordre, et à garder la tenue qui convient à toute femme comme il faut.

*
* *

Si peu d'argent que vous ayez, Mesdemoiselles, il importe encore d'avoir de l'ordre dans vos petites dépenses. C'est là aussi le germe d'un grave devoir qui vous attend plus tard dans n'importe quelle situation.

Tout d'abord, évitez d'emprunter. Rien n'est plus contraire au respect de soi, et rien n'est plus dangereux comme tendance. Emprunter émousse la délicatesse, en attendant que la probité elle-même reçoive des atteintes. Apprenez à vous contenter de ce que vous avez ; cela ne porte aujourd'hui que sur les petites sommes : ce n'en est pas moins la science de l'économie domestique et le secret de la dignité de la vie extérieure. Raisonnez vos dépenses, discutez-les, réglez-les selon les droits de la charité et de la justice, auxquels personne ne doit se soustraire, et inscrivez ce que vous avez dépensé. C'est encore une habitude qui vous sera utile plus tard. Inscrire ses dépenses a de grands avantages : se préserver des soupçons auxquels peut prêter la rapidité avec laquelle l'argent s'écoule dans un ménage, se donner à soi-même d'utiles leçons sur l'inutilité de certaines dépenses qu'on reconnaît blâmables ou futiles, après qu'un certain temps s'est écoulé, puiser des indications pour l'avenir, enfin, maintenir jusque dans son budget cette harmonie, cet ordre qui conviennent dans les moindres détails.

*
* *

L'ordre régit encore l'emploi du temps. C'est lui qui empêche de donner à ses amies trois ou quatre rendez-vous pour la même heure ; c'est lui qui enseigne la valeur du temps, qui ménage les loisirs indispensables pour les lectures sérieuses, le travail, lui qui défend de l'excès en toutes choses, qui empêche de prolonger telle visite, telle promenade, tel plaisir au delà de ce qui est convenable, lui qui, en un mot, défend la vie contre les terribles empiètements de la fantaisie, du caprice, de la flânerie. Il apprend à régler le temps comme on règle ses dépenses, et, en effet, le temps est un trésor qu'il n'est pas permis de gaspiller.

Oui, Mesdemoiselles, voilà bien le véritable *savoir-vivre,* qui utilise à notre profit et à celui d'autrui notre temps comme nos facultés, qui nous laisse la possession de nous-mêmes, et donne à toute notre existence un cachet d'harmonie, de mesure et de paix.

La chambre de la jeune fille.

Vous connaissez toutes le mot si souvent répété : « Un paysage est un état d'âme », et bien des fois sans doute vous en avez vous-même fait l'expérience, sans vous en rendre compte peut-être.

Oui, nous voyons tout à travers nous-même, à travers notre cœur. S'il est triste, souffrant, malheureux, le plus beau paysage ne saurait nous sourire. Qu'importe alors le soleil et les fleurs ? Si notre cœur chante, au contraire, tout chante avec lui, et le pays le plus ingrat n'est pas dépourvu de charmes.

Si l'état de notre âme peut ainsi changer à nos yeux un paysage qui, en réalité, reste le même, si nous ne pouvons nous empêcher de nous refléter dans les choses extérieures, sur lesquelles nous n'avons aucun empire, combien moins encore saurons-nous nous défendre de donner aux objets dont nous sommes maîtres notre propre cachet, notre empreinte ! Forcément ils exprimeront nos goûts, nos humeurs, et révéleront à un observateur attentif un côté de notre caractère, quelquefois le coin le plus intime de nous-même.

Oui, nous imprimons notre sceau sur ce qui nous entoure, et c'est ce sceau qui enlève aux choses matérielles leur banalité, c'est ce qui leur donne une âme, et arrache au poète ce vers attendri :

> Objets inanimés, avez-vous donc une âme
> Qui s'attache à notre âme, et la force d'aimer ?

Ces objets n'en ont d'autre que celle que nous leur communiquons. Que de pages l'on écrirait sur ce sujet : Nous n'aimons qu'en raison de ce que nous avons donné de nous-même, qu'autant que nous retrouvons notre propre reflet.

De là on pourrait s'élever à des sommets pour arriver jusqu'à Dieu, et dire qu'Il ne nous aime que pour ce qu'Il a mis de Lui en nous, et qu'autant qu'Il s'y trouve reflété.

Mais il s'agit de la chambre d'une jeune fille, et j'y reviens d'une manière toute pratique, vous demandant seulement de faire la remarque que j'ai avancée, en entrant dans tel et tel logis que vous connaissez.

Dites-moi s'il est possible que cette chambre où tous les meubles sont encombrés, celui-ci d'un livre, d'un panier à ouvrage, d'un chapeau, celui-là de boîtes, d'une tapisserie commencée, d'un châle, d'un manteau, où l'on voit sur le lit vingt choses qui devraient être ailleurs, dans les coins... oh! dispensez-moi de parler des coins! j'y vois des bottines, un sac de voyage, des parapluies et des ombrelles...

Dites-moi si vous pouvez avoir un instant l'idée que la maîtresse de ce logis est une personne soigneuse, ordonnée!

J'y vois manifestement la marque d'une vie sans suite, d'un esprit brouillon, et d'un temps perdu! car comment trouver immédiatement ce que l'on cherche dans ce méli-mélo? Je vois d'ici des mains précipitées tournant et retournant à travers tout cela, mettant un peu plus de confusion encore, et, en trouvant la chose cherchée, en égarant une autre qu'on ne retrouvera plus dans une heure.

Nous voici maintenant chez Léonie. Tous les murs de sa chambre sont décorés, presque uniquement couverts d'objets de cotillon : éventails, grelots, fleurs, épingles, chapeaux; ses tables, ses multiples étagères sont chargées, surchargées de menus bibelots dont l'entretien doit demander plusieurs heures par jour. Pensez-vous entrer chez une personne aux goûts sérieux? Je n'y vois pas un livre, pas une table devant laquelle on puisse s'asseoir commodément le temps d'une lettre tant soit peu longue, pas un coin enfin qui respire l'intimité, le besoin d'un instant de solitude, de recueillement. Où lit-elle? où travaille-elle? où prie-t-elle, la maîtresse de ce logis?

Vous le savez comme moi, sa plus grave occupation, c'est la pose de son chapeau, les frisures de son chignon, l'ajustement parfait de toute sa personne. On ne s'y trompe guère, et point n'est besoin d'être sorcière pour conclure au caractère d'une personne après avoir fait le tour de sa chambre.

Regardez chez Antoinette; au premier regard vous vous dites que l'étude, le travail, les occupations sérieuses remplissent ses heures; j'y vois des livres, beaucoup de livres, et des meilleurs auteurs, un bureau devant lequel elle doit s'asseoir tous les jours, plusieurs corbeilles à ouvrage, mille choses enfin qui me font pénétrer dans sa vie.

Chez Clarisse, le sens artistique domine, je n'en veux pour témoin que cette petite toile signée d'un nom connu, ces aquarelles ornant les murs, cette statuette à une place d'honneur; et rien que ce vase posé dans ce coin avec quelques fleurs, l'arrangement des moindres choses, tout me dit ses goûts délicats.

Et n'allez pas sur ces réflexions essayer de donner tel ou tel air voulu à votre chambre pour faire croire à tel goût, à telle habitude que vous n'avez pas. L'effort se sentirait là comme ailleurs; il y aurait toujours quelque chose qui détonnerait. Mais ce qu'il faut vouloir à tout prix, et obtenir, bon gré mal gré, c'est l'ordre, le soin, la propreté parfaite. Cela fait, gagné, mettez ou ne mettez pas de bibelots, couvrez ou ne couvrez pas vos murs d'objets de cotillon, mais ayez de l'ordre, — l'ordre, qui est une vertu, l'ordre, qui exige que chaque chose soit à sa place et qu'il y ait une place pour chaque chose.

Je demanderai aussi, j'exigerai même, dans la chambre d'une jeune fille, une table à ouvrage, car il est inadmissible que le travail manuel ne tienne pas une large place dans la vie d'une femme; je veux à sa portée tout ce qui peut être nécessaire à son entretien journalier : fils, aiguilles, épingles, menues merceries; sans cela elle risquera fort de sortir avec un gant sans bouton, une ceinture insuffisamment attachée, un bout de dentelle décousu à son jupon, etc.

Je veux également une table où elle puisse s'asseoir pour écrire un peu longuement, prendre quelques notes sur une lecture sérieuse, copier une pensée qui mérite d'être gardée; et sur une étagère, il me faut quelques livres, choisis parmi les meilleurs auteurs.

Une chambre où je ne trouve pas un livre qui vient d'être ouvert ou va l'être, me fait l'effet d'un cerveau vide ; instinctivement je cherche l'aliment de la pensée, de l'intelligence, la vie de l'esprit qui doit à un moment donné nous arracher à l'autre, nous élever pour nous mettre au-dessus des événements, afin de ne pas nous laisser dominer par eux.

Près du lit, je mets un prie-Dieu, au-dessus du prie-Dieu un Christ, un bénitier. Car quelle jeune fille serait assez malheureuse, assez à plaindre pour ne pas prier ? Et comme à tout âge l'on pleure, comme à tout âge on a besoin de force, d'appui, de vertu, où en trouver plus sûrement qu'aux pieds de Celui qui a pleuré, souffert, pour nous apprendre à pleurer et à souffrir très haut, à nous vaincre ? Ces choses étant bien établies pour toutes : l'ordre, la place pour le travail, la prière, que chacune donne à sa chambre le cachet qu'il lui plaira, selon ses goûts, sa fantaisie, son caractère. Les grandes lignes étant sauves, le reste sera toujours bien ; mais ce sera mieux encore si le goût s'y ajoute. Il n'est pas inné en tous, on l'a plus ou moins sûr, plus ou moins fin et délicat. Mais on peut toujours éviter le mauvais goût, apprendre à harmoniser les couleurs, obtenir un certain effet d'élégance ; pour cela, observez les personnes dont vous entendez vanter les qualités sur tel point; vous acquerrez ce qui peut vous manquer. Cependant, vous le voyez, là encore le plus sûr viendra de votre propre fond. Je souhaite donc à chacune de vous une chambre qui révèle un « état d'âme » sain et constant, indépendant des variations de l'atmosphère; par là je veux moins entendre les phénomènes météorologiques que les incidents et les menus événements qui embrument ou ensoleillent l'horizon de la famille.

La toilette. — L'excentricité.

Il y a une souveraine qui ne sera jamais détrônée, « reine et empérière du monde » devant laquelle tout plie, tout cède. Ses caprices font loi; dès qu'elle fait son apparition, les intérêts les plus graves fondent comme la neige au soleil, et quand elle dicte ses oracles, c'est du jour au lendemain qu'elle veut être obéie.

Hier, elle s'endort en taille courte; ce matin, elle se réveille en abeille, en libellule. Le corset baleiné l'emprisonne étroitement, la comprime, restreint le champ de la respiration, empêche le développement.

Les gens raisonnables récriminent, les médecins crient, mais la Mode n'a pas d'oreilles.

« Pour faire un corps bien espagnol, quelle géhenne ne souffrent-elles pas ? guindées et sanglées, avec de grosses coches sur les costez jusques à la chair vive. Ouy, quelquefois à en mourir. » C'est ainsi que Montaigne parle des femmes de son temps; ce qui prouve qu'en tous les siècles, la Mode, cette souveraine dont je parle, a fait loi, et que pour lui plaire il n'est pas de supplice qu'on n'endure. Demandez-le à tant de femmes et de jeunes filles qui, pour avoir deux centimètres de moins à leur ceinture, se privent de manger, de boire, prennent au besoin un peu de vinaigre, et se serrent, se sanglent à en étouffer, compromettant leur santé pour toujours, peut-être... Peu importe ! Ah ! les victimes de la Mode, elles sont plus nombreuses qu'on ne croit.

Il faut donc la subir, puisqu'on ne peut rejeter son joug, mais non lui obéir servilement ; il faut tenir compte de ses arrêts, sous peine d'être ridicule ou de paraître déguisée, mais non la suivre dans ses extravagances, ses caprices et ses folies, car elle entraîne loin, et sa pente est glissante ; elle a tôt fait de mettre dans les plis et les volants d'une robe, la dentelle d'un corsage, la coupe d'un vêtement, la forme d'un chapeau, un peu du bien-être de la famille d'abord, et d'y faire passer sans qu'on y prenne garde la fortune entière.

Il faut résister aux tentations de la Mode, solliciteuse ensorcelante près de certaines femmes, bien établir un budget qu'on ne lui permettra pas de dépasser, puis se refuser à ses excentricités, ne point les admettre sous prétexte qu'elles vont bien. Non, tout ce qui fait remarquer une femme ne lui va pas. Tout ce qui attire, provoque l'attention ne sied pas à une jeune fille, et une toilette excentrique est une enseigne.

C'est le travers de Germaine. Elle aime à arborer le chapeau qui se portera l'année prochaine, fait *retourner* la tête à tous les passants, et non *tourner*, mais elle s'imagine sans doute que c'est la même chose, et, encouragée par les regards, elle hausse encore son plumet et son aigrette, rajoute un volatile de plus sur son chapeau si la mode est à l'aile, à la plume, à l'oiseau. Si c'est à la fleur, tout un jardin s'épanouit sur sa tête ; cela tourne au square, selon l'expression d'un militaire qui, voulant me désigner des jeunes filles dont il ignorait le nom, me dit : « Vous savez, celles qui ont un square sur la tête ? »

Et j'ai tout de suite trouvé. Vous le voyez, c'est une enseigne. En remarquant le chapeau de Germaine, on l'a remarquée, elle, par la même occasion. Si c'est là son but, elle a réussi ; qu'elle continue donc à pousser jusqu'à l'outrance la *cacophonie* des couleurs, le pittoresque des formes, à s'habiller tout en longueur ou en largeur selon la mode du jour, en exagérant encore le volume, les proportions, ou en les diminuant tellement qu'elle devient comme un manche à balai... pardon, je voulais dire roseau, c'est plus poétique, mais peut-être moins vrai, car l'exagération dans un sens ou dans un autre enlève infailliblement le naturel et la grâce... Et à force de vouloir plaire à la mode, on risque de déplaire au plus grand nombre, à coup sûr à tous les gens sensés, à ceux qui n'admettent pas qu'une jeune fille échappe à la modestie qui doit être sa plus belle parure. Cette phrase est un peu cliché, j'en conviens; on est tout disposé à en rire aujourd'hui; je veux bien qu'on rie de la phrase, mais non de la chose, qui reste vraie, mais trop rare. Bientôt rien ne sera plus original qu'une jeune fille à l'air modeste. Ce sera très malheureux, car nous avons vu que l'air s'adapte à la chanson, qu'il est fait pour elle. Une jeune fille qui aime l'excentricité et cède à ce goût, s'habituera vite à se faire remarquer, et forcément perdra bientôt la retenue, la réserve que rien ne saurait remplacer.

Évitez ce travers; préférez ce qui passe inaperçu à ce qui attire tout d'abord le regard, une mise simple à une mise recherchée; la simplicité est à tout près de la distinction, le goût sobre touche à la véritable élégance, celle-ci est bien plus dans les manières et dans la coupe du vêtement, les couleurs harmonisées, que dans ce que l'on appelle « le chic », l'extraordinaire; mais beaucoup de personnes prennent le rare pour le distingué. Elles se trompent.

La question toilette tient une place capitale dans la vie de trop de femmes; je voudrais voir les jeunes filles s'habituer à ne lui donner que celle qui lui convient, à la réduire à ses exigences essentielles, à n'en pas faire l'occupation et la préoccupation de leur existence.

Toutefois je ne veux ni qu'on la néglige, ni qu'on la méprise. Une femme doit être bien habillée, cela tient au respect qu'elle doit à elle-même et aux autres. Et pour cela un grand nombre de toilettes n'est pas nécessaire, il faut seulement un peu de savoir-faire.

De l'ordre d'abord, la vertu la plus essentielle; si vous en manquez, en vain aurez-vous votre garde-robe bien garnie, vous pécherez toujours sur quelque point. Je connais telles et telles jeunes filles riches, qui, en dépensant des sommes folles pour leur toilette, sont beaucoup moins bien habillées que telles autres qui ne peuvent dépenser que très modestement.

Les premières n'ont pas d'ordre, leurs robes sont froissées, fanées, tachées; elles ignorent ce que c'est que prendre une précaution, éviter une averse, un passage trop étroit, une porte entr'ouverte où elles s'accrochent; il y a toujours en quelque endroit un clou, un angle de meuble qui semblent avoir été mis là tout exprès pour les retenir, leur arracher un ruban, un bout de dentelle.

Souvent « le dessus » est irréprochable; mais combien de jupes élégantes cachent des jupons qui l'ont été peut-être, mais qui ne le sont plus, « des dessous » à faire rougir, du linge en désordre, déchiré, raccroché, faut-il le dire? trop souvent malpropre ! Ce n'est pas se respecter. Et j'ai beaucoup de peine à croire que le souci de la perfection morale aille avec le désordre de la toilette.

Le lien intime entre l'intérieur et l'extérieur pousse à l'harmonie des deux. Je sais bien que l'on pourrait me citer de nombreux exemples contraires à ce que j'avance; mais néanmoins j'ai cent fois remarqué l'analogie existant entre le soin, l'ordre parfait de la toilette et celui de l'âme. Et je trouve tout naturel ce que me disait une femme de mes amies : « Je ne me soigne jamais tant que lorsque mon âme est en progrès; mon besoin de perfectionnement s'étend alors à tout, aux moindres détails de mon ameublement et de ma toilette. Il faut que tout marche du même pas. N'ayez pas bonne opinion de ma vertu du moment, quand vous me rencontrez avec des bottines auxquelles il manque un bouton, des gants déchirés, un chapeau fané. Quand mon extérieur est ainsi négligé, c'est que j'ai peu souci de mon intérieur. »

Ceci est vrai pour beaucoup ; regardez en vous et autour de vous.

Si votre fortune, vos ressources ne vous permettent que le moindre nombre de robes qu'une femme puisse avoir, apportez dans leur choix beaucoup de discernement, prenant des couleurs plutôt sombres, des tons neutres, des tissus unis, solides ; ne cédez pas à la tentation d'une disposition flatteuse, caprice de la mode d'aujourd'hui, et demain laissé de côté. L'été, vous pouvez avoir une robe claire, batiste ou percale, que le moindre bout de dentelle rend tout de suite habillée, et qui ne sera pas pour cela d'un grand prix.

Voulez-vous être toujours irréprochable et soignée dans votre toilette avec des ressources très modiques? Ayez une vieille robe (et par là je n'entends jamais sale, déchirée, mais seulement passée, démodée de forme ou de couleur,) que vous mettez dans la maison, le matin, pour aller et venir, vous occuper à certains détails de ménage auxquels une femme doit toujours s'entendre. Si vous négligez cette précaution et regardez à changer de robe pour vaquer aux soins de la maison, il sera impossible de conserver au dehors la tenue qu'il est souhaitable que vous ayez toujours.

Et si, pour une circonstance quelconque, une messe de mariage, un dîner d'amies, vous voulez être plus habillée, et n'avez cependant qu'une robe déjà souvent portée, vous pouvez la relever, lui donner une autre physionomie par un col de broderie ou de dentelle, un gilet clair, une ceinture, que sais-je?

C'est là que les caprices de la mode du jour, votre industrie personnelle, votre goût vous aideront au choix ou à la confection de quelque colifichet, servant à rafraîchir et à rajeunir une toilette que vous voulez un peu plus soignée. Une jeune fille doit s'habituer à chiffonner un bout de gaze et de dentelle sans recourir à la modiste et à l'ouvrière; il faut que son goût et son adresse puissent aider à un peu d'élégance et épargner une dépense, car c'est sur sa toilette que devra en général être prise la part du pauvre, si petite soit-elle, que toute jeune fille chrétienne ne peut oublier.

Les parfums.

Oui, Mesdemoiselles, le savoir-vivre atteint jusqu'à cette question. Et son ingérence s'explique toujours par la nécessité des égards dus au prochain.

Certaines jeunes filles ont la fureur des parfums. Elles ne se bornent pas à se servir de savons et d'eaux de toilettes d'odeur violente : elles aspergent leurs mouchoirs des essences les plus fortes, et glissent dans les plis de leur linge des sachets extravagants.

Le premier résultat est de se donner mal à la tête ou d'altérer l'air qu'on respire, et par conséquent de contrevenir aux principes de l'hygiène. Le second est de gêner la plupart des gens qui vous entourent, de leur donner également mal à la tête. Le troisième est de vous imprimer à vous-même un cachet pis que vulgaire, d'attirer l'attention alors que vous devez passer inaperçues, et de vous faire passer pour des coquettes, des petites-maîtresses, des poupées uniquement occupées de vous.

Moins on emploie de parfums, mieux cela convient. Cependant, un soupçon d'odeur très légère et très comme il faut peut être toléré, mais, je le répète, à la condition de rester un soupçon. Un peu de lait d'iris ou d'eau de Cologne dans l'eau dont vous vous servez, c'est parfait. Une goutte d'essence de violette dans votre mouchoir, c'est bien; mais pas plus, et surtout, bornez-vous à des parfums *discrets,* qui ne peuvent être antipathiques, ni malfaisants.

Parmi toutes les odeurs, ayez l'horreur du musc, qui incommode la plupart des gens, et qui n'est ordinairement employé que par des personnes dépourvues de distinction.

Oh! ce musc, je le hais, non seulement parce qu'il me fait mal à la tête, non seulement parce qu'il imprègne pour des années tout ce qui a subi son contact, non seulement parce qu'il décèle sa présence à trente pas à la ronde, mais encore à cause d'un souvenir odieux que, si brutal qu'il soit, je veux vous rapporter.

Vous avez entendu vos pères parler de cette terrible guerre de 1870, à laquelle ils ont peut-être pris part, et vos mères et vos grand'mères vous ont peut-être raconté les horreurs de l'invasion, et du contact odieux de ces vainqueurs grossiers qu'il fallait héberger sous son toit dans une si grande partie de notre France, hélas! Une de mes amies, qui a dû pendant de longues semaines loger un certain nombre de soldats prussiens, m'a raconté que depuis, elle ne peut souffrir l'odeur du musc, parce qu'on en parfumait ces soudards par ordre, et dans le but de détruire... les parasites dont ils étaient affligés!

Je laisse cette histoire sans commentaire. Si ce parfum détesté ne peut, heureusement, rappeler à votre jeune mémoire de terribles et douloureux souvenirs, vous songerez quelquefois à l'usage qu'on fait du musc de l'autre côté du Rhin.

Le fond et la forme.

Une jeune fille parfaite.

Elle est exquise, n'est-ce pas? Vous l'avez trouvé comme moi. La forme chez elle, telle que Dieu et sa mère la lui ont donnée, est parfaite; mais ce que l'on sent, c'est que son âme s'est harmonisée avec cet extérieur charmant, de telle façon qu'en la voyant *on croit* à tout ce qui est en elle.

J'ai vu des tailles de jeune fille aussi élancées, aussi gracieuses que la sienne, des visages infiniment plus jolis, car jolie? je ne me suis pas demandé d'abord si elle l'était. Séduite dès le premier instant par la grâce du sourire, l'intelligence et la candeur du regard, la simplicité élégante des manières, la tenue irréprochable et naturelle à la fois, je n'ai songé qu'ensuite à analyser, à me demander pourquoi elle m'attirait, me retenait. Je le sais maintenant : c'est le fond qui communique à la forme son charme le plus pénétrant, le plus délicat, son cœur, son âme qui donnent à sa physionomie leur expression la plus attrayante. Elle est bonne, elle est sensible, elle crée une atmosphère autour d'elle : celle du bonheur, parce que chacun se sent traité comme il doit l'être, reçoit tout ce qu'il est en droit d'attendre, et davantage encore; car certains cœurs, pour satisfaire le penchant qui est en eux, ont besoin de donner le superflu, la chose à laquelle on ne s'attend pas, celle qui laisse voir par cela même le désir d'être agréable, l'attention particulière, le choix.

Bienveillante avec les domestiques, sans jamais être familière, elle s'en fait aimer et respecter, ce qui implique la perfection vis-à-vis des inférieurs. Quand on arrive à ce résultat, on peut dire les maîtres irréprochables.

Vous avez vu près de sa mère quelle tendresse et quelles délicieuses câlineries doublées de respect! Quelle aimable soumission, ne sentant nul effort. Les mots d'obéissance, d'autorité ne sont jamais prononcés. On n'a pas besoin de théorie quand on a la pratique.

Vous allez dire que je vous fais le portrait d'*une perfection,* et qu'une perfection est toujours ennuyeuse.

D'abord il faudrait s'entendre, et je ne sais pourquoi ce mot évoque pour beaucoup d'entre vous la rigidité, la monotonie, l'absence de vie.

Pourquoi, en effet, une perfection est-elle pour vous synonyme de momie? Pourquoi tout de suite surgit-il à vos yeux une personne qui semble coulée dans un moule, sorte d'automate dont tous les mouvements sont strictement mesurés par un mécanisme invariable? Si c'est cela que vous entendez par perfection, moi je déclare, plus haut que vous encore, n'en pas vouloir. Mais quand je parle d'une perfection, je ne veux pas dire mannequin, et rien n'y ressemble moins que celle dont je vous parle.

La mienne est pleine de vie, de mouvement, elle n'affecte pas plus une forme que l'autre; les circonstances la font très variée, au contraire, car je la vois se prêter à tout et à tous avec une bonne grâce qui la fait pour chacun ce que chacun la souhaite; le vieillard la trouve attentive, respectueuse, ses amies, pleine d'entrain, de gaieté, d'enjouement; dans sa famille, elle montre une bonne humeur presque constante, et elle peut avoir autant d'originalité d'esprit que vous voudrez. Quand il faut être sérieuse, nulle ne l'est plus qu'elle, et le mot que vous souhaitez d'entendre, il est bien rare qu'elle ne vous le dise pas, car elle a tout le tact que donne le cœur.

Une perfection telle que je l'entends, je vous souhaite d'en faire la rencontre dans votre plus proche voisinage; votre vie en sera charmée, car ma perfection possède avant tout l'abnégation, l'oubli d'elle-même, ce qui m'assure, moi, de n'être point oubliée, de voir non seulement mes droits respectés, mais encore mes plaisirs tenus pour quelque chose; car si j'aime à penser aux autres, il est loin de me déplaire qu'on pense à moi. Ainsi, ma perfection arrête sa vivacité naturelle pour ouvrir et fermer les portes sans bruit, sachant bien mes nerfs sensibles; et ce que je lui en suis reconnaissante!

Quand je l'entends doucement, doucement marcher le matin et le soir pour ne pas troubler mon repos ou me réveiller brusquement, moi qui ai toujours prisé si fort la délicatesse du père de Montaigne éveillant son fils au son de la musique, je me dis que c'est pour *moi* cette attention, et je l'aime à cet instant, je la remercie en mon cœur.

Oh! non, la perfection dont je parle ne vous ennuierait point, car elle mérite son nom; saluez-la donc, elle est le vrai, le beau, le bien, et en même temps le type achevé de cette distinction qu'aiment et ambitionnent toutes les femmes.

DEUXIÈME PARTIE

DEUXIÈME PARTIE

Le respect.

Un de mes vieux amis, qui n'est cependant pas chagrin, et qui ne prend nullement à tâche de dénigrer son époque, me disait qu'en recevant des lettres de jeunes gens, ou en les rencontrant, soit dans la rue, soit dans le monde, il constate chaque jour une chose regrettable : c'est que, si la langue tend à... s'accroître — je ne dis pas s'enrichir — de mots nouveaux, puisés dans l'argot le plus authentique, elle s'est appauvrie au moins de deux mots qui avaient jadis un grand rôle dans le vocabulaire des gens bien élevés ; ces deux mots sont *honneur* et *respect*.

Et malheureusement, lorsque les mots disparaissent de la circulation, c'est que les choses qu'ils représentent ont elles-mêmes disparu, car enfin, les mots sont l'étiquette des choses, et l'on ne nomme que ce qui existe.

Faut-il donc admettre que le respect n'existe

plus? Hélas! la jeunesse, il faut le reconnaître, en perd de plus en plus la notion. Pour peu qu'on date d'une certaine époque, on a peine à s'accoutumer à ces prétentions d'égalité, d'indépendance, de laisser-aller, qui sont trop souvent de mise aujourd'hui. Un homme âgé ne se voit pas sans surprise l'objet de la *considération* d'un jeune homme qui lui écrit, et une femme comme il faut se demande si elle rêve lorsque ce même jeune homme, à qui elle fait l'honneur d'adresser une invitation, l'assure du *plaisir* qu'il a de l'accepter. Cela semble au moins étrange de descendre d'un trottoir lorsqu'une jeune fille paraît ignorer qu'elle y croise une personne âgée, et ne se dérange pas d'une semelle pour la laisser passer. C'est encore singulièrement choquant, toujours pour la personne âgée, de croiser de très jeunes filles dans un escalier sans que celles-ci inclinent seulement la tête. Enfin, voir des jeunes filles vous tendre la main la première avec un bonjour cavalier, est encore une des anomalies de ce temps-ci, où l'égalité semble anéantir jusqu'à la mélancolique distinction de l'âge.

Le savoir-vivre, qui règle nos relations avec le prochain, établit cependant, tout comme la charité, que nous devons de la bienveillance à nos inférieurs, de la politesse et de la cordialité à nos égaux, du respect à nos supérieurs. Or, l'âge constitue une supériorité. Il comporte bien souvent la vertu et l'expérience, qui méritent l'essence de ce respect, et, ne les possédât-il pas, il a droit encore à des égards au moins extérieurs, dont une jeune fille bien élevée ne se départ jamais.

C'est ainsi, Mesdemoiselles, que vous devez replacer dans votre dictionnaire intime ces deux mots dont je parlais tout à l'heure. Quand vous exprimez à une femme plus âgée que vous le regret de ne pas l'avoir vue, ou l'intention de lui faire une visite, vous devrez dire : « Je regrette de n'avoir pas eu l'honneur de vous rencontrer », ou : « J'espère avoir bientôt l'honneur de vous voir. » Presque toutes vos lettres se termineront par l'expression de sentiments respectueux. Et vous imprimerez ce respect dans vos manières, afin de ne jamais manquer aux égards qui sont véritablement dus, non seulement à la vieillesse, mais à la priorité de l'âge. Vous céderez à toute femme moins jeune que vous le haut du pavé, c'est-à-dire, sur le trottoir, le côté des maisons. En vous promenant avec votre mère, par exemple, vous l'y laisserez aussi, et cela pour une raison très simple : on peut être obligé de descendre d'un trottoir trop étroit, surtout si l'on est deux; or, c'est la personne qui marche sur le bord à qui incombe nécessairement ce petit désagrément.

C'est encore le sentiment du respect qui vous inspirera la prévenance et la complaisance, qui vous rendra attentives aux besoins et aux désirs des personnes âgées, qui vous fera offrir votre coin en wagon, porter un paquet, aider à monter en voiture. C'est ce même sentiment qui vous fera attendre qu'une vieille femme vous fasse l'*honneur* de vous tendre la main.

En ce moment, les jeunes filles sont revenues aux révérences et aux saluts respectueux; j'en félicite la mode. Mais si son caprice ramenait la petite dislocation de tête et de cou qui, ces dernières années, avait la prétention d'être un salut, je vous conseille fortement, au nom du savoir-vivre lui-même, de ne pas sacrifier à un usage aussi ridicule qu'impertinent. Il est en effet des modes que les femmes bien élevées n'adoptent jamais; et croyez bien qu'on a applaudi les hommes vraiment distingués et les femmes vraiment comme il faut qui, à l'époque dont je parle, ont gardé l'habitude des vrais saluts.

C'est encore une des formes du respect de ne pas interrompre, de ne pas contredire, de ne pas employer un ton tranchant, décidé, ayant la prétention de rejeter tout le monde dans l'ombre, et de juger en dernier ressort. Cette manière d'être me fait penser à la fable que j'ai lue dans un vieil auteur à propos des diverses phases de la lune.

« Quel astre charmant! s'écriait un enfant, considérant le mince croissant d'argent qui montait au ciel au milieu des étoiles. Cette courbe gracieuse peut-elle être surpassée en beauté ?

— Elle ne restera pas ainsi, dit sa mère; le croissant que tu vois ira s'épaississant, puis deviendra un globe argenté répandant une lumière vive et douce.

— Je ne croirai jamais une pareille chose! Tu prétends, ma mère, abuser de ma crédulité.

— Attends que les jours passent, et tu verras que je ne te trompe point. »

Et lorsque l'enfant, sortant un soir, vit l'astre des nuits dans son plein, il s'écria ravi :

« Maintenant, je te crois, ô ma mère, et je viendrai chaque nuit voir cette lampe merveilleuse.

— Cette lampe s'affaiblira. Ses formes arrondies se creuseront de nouveau, et redeviendront le mince croissant d'argent que tu admirais il y a peu de jours.

— Voilà ce que je ne croirai jamais! dit l'enfant avec pétulance, je comprends maintenant que la lune croisse, parce que je l'ai vue ; mais pourquoi décroîtrait-elle? »

Et cependant, il vit décroître, puis disparaître l'astre d'argent.

« Mère, désormais, je croirai à tes paroles. »

Ainsi la jeunesse : elle nie ce qu'elle n'a pas vu, et s'impatiente de l'expérience d'autrui.

Mesdemoiselles, sachez avouer que vous commencez seulement à parcourir le cycle de la vie ; ceux qui marchent devant ont vu déjà ce que vous êtes appelées à constater après eux. Ne faites pas comme si, au pied de la montagne, vous prétendiez connaître ce qu'on ne découvre que du sommet ; admettez votre inexpérience, et respectez l'expérience d'autrui.

Le respect envers les parents.

J'ai encore hésité à écrire ce titre, parce qu'il va vous révolter. Vous vous flattez toutes d'être des filles respectueuses, et vous considérez comme tout à fait superflu de vous entendre prêcher sur un de vos sentiments les plus chers.

Aussi n'est-ce pas de ce sentiment en lui-même que je veux vous parler, mais seulement de la manière dont il se traduit trop souvent. Ce livre n'est pas tout à fait un livre de morale : il a plutôt pour objet la forme extérieure de la morale, l'habit dont vous devez vêtir les principes que, je n'en doute pas, vous recevez depuis votre enfance. Mais en ces matières, il faut le reconnaître, la forme se lie très intimement avec le fond, et, c'est à tort que beaucoup de jeunes filles prétendent concilier avec un respect filial très profond, très sincère, des manières peu en rapport avec ce respect.

Il faut le dire, la mode, cette stupide chose qui prétend toucher à tout, se mêler à tout et de tout, préconise aujourd'hui une espèce de familiarité pleine de drôlerie, dont certains parents ont la faiblesse de s'amuser, et à laquelle ils s'habituent, justement à cause de cette prétendue drôlerie, sans s'apercevoir des résultats qu'elle entraîne. Ils se félicitent même de ce genre de relations très étranges, de ce monde renversé entre eux et leurs enfants. « La forme extérieure y perd, disent-ils, mais combien la confiance y gagne ! » De ceci, je ne suis pas aussi sûre. Je ne sais pas jusqu'à quel point un jeune homme avouera une dette à son père ou lui demandera plus volontiers un conseil sous prétexte qu'il l'appelle « cher vieux bonhomme », qu'il lui interdit de le gronder en s'écriant qu'il ne faut pas lui « faire cette tête », et qu'il lui recommande de ne pas être un trouble-fête. Je croirais plutôt qu'il contractera la dette plus aisément, et qu'il reconnaîtra plus difficilement le droit de conseil. De même, la jeune fille qui prodigue à sa mère des appellations comme celles de « bonne femme chérie », qui l'adjure de « ne pas être 1830 », qui n'a jamais l'idée de lui demander une permission, mais vient lui rendre compte de ce qu'elle a fait en arrêtant ses reproches, s'il en survient, et en lui recommandant, sous une pluie de baisers, de ne pas être une « assommante vieille femme » ou une « Mme Grognon », je doute, dis-je, que cette jeune fille vienne ouvrir son cœur à sa mère dans un de ces épanchements émus qui sont la sauvegarde de la fille, comme la consolation de la mère.

Non, Mesdemoiselles, ne prenez pas ces manières légères, irrespectueuses, ce ton qui semble autoriser la discussion, la contradiction, qui, sous le voile de la plaisanterie, amène des énormités de langage. Que vos parents aient toujours à vos yeux un caractère sacré; que, si affectueuse, si familière même que soit votre manière d'être et de parler, on la sente enveloppée de ce tendre respect qui ne bannit pas la confiance, au contraire, mais la facilite plutôt. Que vos parents soient vos amis, c'est la chose la plus désirable; mais qu'en même temps ils restent ceux à qui, après Dieu, vous devez la vie et tous les biens qu'elle renferme, ceux qui vous ont élevée au prix de souffrances, d'angoisses, de fatigues que vous ne comprendrez qu'après que vous serez devenues mères à votre tour; qu'ils gardent à vos yeux ce caractère sacré qui est compatible avec la plus chaude tendresse. N'oubliez jamais ce qu'ils sont, et vous resterez ainsi ce que vous devez être, supportant jusqu'à leurs défauts, sur lesquels vous devez fermer les yeux, et mêlant à votre respect toutes les attentions, toutes les prévenances que suggèrent l'affection et le dévouement.

Le respect des vieillards.

Rassurez-vous, Mesdemoiselles, et ne passez pas ce chapitre sans le lire. Je ne chercherai pas à vous rappeler que, dès l'antiquité, on tenait la vieillesse en honneur ; je n'évoquerai point vos souvenirs classiques ; je ne ferai aucune allusion pédante à la république lacédémonienne, et je ne vous raconterai pas les manières différentes qu'ont eues les diverses nations de rendre hommage aux vieillards, depuis les peuples qui leur donnaient droit de conseil et même de direction dans leurs destinées, jusqu'à ceux qui... les mangeaient pour leur épargner les infirmités et les maladies.

Je ne vous dirai qu'une chose : c'est que, pour des jeunes filles dont le cœur est bien placé, dont les sentiments sont droits et justes, le respect de la vieillesse n'est pas une affaire de convenance ou de politesse, mais une chose naturelle, élémentaire, découlant du cœur, s'accordant avec les sentiments.

Il faut respecter la vieillesse, d'abord parce

qu'elle est respectable. Ceux qui ont beaucoup vécu ont, en général, beaucoup travaillé, et beaucoup souffert. Ils ont accompli une tâche dans la vie, et ce n'a pas été sans luttes, sans peines, sans soucis cruels. Ils ont pleuré. On n'a pas traversé une longue existence sans avoir vu tomber autour de soi non seulement les chers appuis de la jeunesse, non seulement les compagnons de l'âge viril, mais encore, trop souvent, ceux qui semblaient destinés à nous survivre, et sur qui l'on comptait pour s'appuyer dans ses derniers jours. On a connu les abandons, les ingratitudes, les trahisons ; on est devenu, hélas! expert dans les douleurs humaines. On expérimente l'isolement qui se fait au soir de la vie. Les perspectives se raccourcissent, on n'a plus d'horizon, on perd les espoirs humains, l'avenir n'est plus qu'un mot vide de sens de ce côté de la tombe ; les infirmités arrivent, et enfin, l'ombre de la mort s'étend, et marque de sa majesté ceux qu'elle va bientôt envelopper.

Ne trouvez-vous pas que tout cela soit respectable : l'âge, la tâche accomplie, la souffrance subie, les combats livrés, la mort prochaine?

Peut-être direz-vous que, pris à part, tous les vieillards ne sont pas respectables ; que plus d'un a mené une existence inutile, égoïste ; que l'expérience ne les a pas tous rendus meilleurs; que l'âge ou la souffrance les ont aigris; enfin, que leurs facultés affaiblies leur ôtent tout ce qui prête à la vénération, tandis que leurs infirmités leur donnent un aspect ridicule.

Il faut regarder plus haut. Il faut, comme je le disais ailleurs, respecter au moins l'âge chez les vieillards dont la vie a été frivole ou inutile; si vous ne pouvez leur accorder une estime personnelle, vous devez avoir égard en eux à la *vieillesse,* qui couvre leurs défauts comme elle doit couvrir leurs ridicules. Un mauvais cœur seul peut se rire des faiblesses physiques ou de la décadence amenées par les années, les fatigues, les souffrances.

Il faut encore respecter la vieillesse en vue de l'avenir. « Fais à autrui ce que tu voudrais qu'il te fût fait. »

Vous souriez, Mesdemoiselles? Vous *savez,* à la vérité, que vous deviendrez à votre tour des vieilles femmes; oui, vous le *savez,* mais vous ne le *croyez* pas. Vous entrevoyez cela comme dans un lointain infini. Hélas! vous verrez comme, à mesure qu'on avance dans la vie, le temps semble précipiter sa marche. Un jour viendra où, vous trouvant lasse, courbée, avec un visage flétri et des cheveux blancs, vous serez en droit d'exiger ce respect qu'on vous prêche aujourd'hui. Et vous en aurez un vrai besoin. Aussi, essayez de vous mettre à la place d'une de ces femmes âgées qui vous entourent, et définissez vous-même les formes diverses du sentiment que vous voudriez inspirer.

Être considérée, d'abord, — considérée, non comme un meuble inutile ou encombrant, mais comme une personne vivante, comptant encore dans la société, recevant des marques d'estime, ayant droit à des égards, trouvant réservée la première place.

Être écoutée, ensuite. Oh! comme il est rare qu'on écoute les vieillards! Cependant, ils savent beaucoup, leur jugement est sage, ils ont beaucoup vu, et leurs récits peuvent être intéressants. N'en fût-il pas ainsi, un certain affaiblissement marquât-il leur conversation, il faut les écouter par respect, par convenance, par bonté, même n'eût-on rien à retirer de leurs entretiens.

Être, enfin, l'objet de ces attentions qu'on doit avoir à un degré égal pour l'âge et la faiblesse. Mais ici, il y a des délicatesses à observer. S'il est bien de s'occuper du bien-être d'un vieillard, de veiller à écarter les obstacles de son chemin, de lui procurer ce qui lui est nécessaire, de lui répéter le mot qu'il a mal entendu, etc., il ne faut pas que ces attentions mêmes lui rappellent trop crûment son âge et ses infirmités; il faut plutôt le traiter comme une personnalité marquante, à qui l'on doit des égards, ou comme un vieil ami à qui il est doux de les prodiguer.

Je vous le répète, Mesdemoiselles, c'est ici une affaire de cœur. Non seulement on jugerait absolument mal élevée et dépourvue de savoir-vivre une jeune fille qui se moquerait de la vieillesse ou lui manquerait d'égards, mais encore on douterait de ses sentiments et de sa bonté.

Ce que l'on doit aux professeurs.

Je parle quelque part dans ce livre de la pose. Une jeune fille qui *posait* pour une sorte de cynisme étourdi, d'ailleurs très loin *de son cœur,* s'écriait en riant : « Ce qu'on leur doit? Eh! de l'argent! »

On leur doit autre chose. Ce n'est pas avec de l'argent qu'on paie ce qu'ils donnent. S'ils reçoivent légitimement les honoraires qui assurent leur existence, ils les gagnent, ces honoraires, non seulement en donnant leur temps, leur peine, mais en communiquant leur science, acquise au prix de longues années de travail, de fatigues, de leçons coûteuses, en perfectionnant votre intelligence, votre jugement, peut-être votre cœur. *Cela* ne se paie pas avec de l'argent ; il faut s'en montrer reconnaissant, et donner en échange, non seulement l'attention, la bonne volonté, l'application qui secondent leur action et seules la rendent possible, mais encore du respect, des égards, des prévenances.

Remarquez que tout vous commande ce respect et ces égards : d'abord la valeur du professeur, valeur artistique ou intellectuelle, à laquelle se joint très probablement une valeur morale qui a décidé le choix de vos parents; ensuite, ce choix lui-même, devant lequel vous devez vous incliner, et qui fait du maître, dans la mesure de ce qu'il enseigne et au moins pendant la durée de ses leçons, le dépositaire de l'autorité de vos parents.

Mais, diront peut-être quelques jeunes filles orgueilleuses, il arrive souvent que les professeurs sont d'une origine, d'une classe sociale inférieure à la nôtre; devons-nous donc des égards à des personnes que nous ne considérons pas comme nos égales?

C'est là, Mesdemoiselles, un triste raisonnement. Je répète que la supériorité acquise compense, en ce cas, une infériorité d'origine, et même de manières. Tous les gens intelligents jugent ainsi, et cette prétendue infériorité n'ôte rien aux titres dont je parlais tout à l'heure.

Mais il n'en est pas toujours ainsi. Il arrive, et même fort souvent, surtout à l'époque de bouleversements où nous vivons, que des personnes même très supérieures à vous, peut-être, comme naissance et éducation, sont obligées de tirer parti de leur instruction ou de leurs talents. Dans ce cas vous leur devez, en plus des égards qu'exige le mérite, les égards qu'impose le malheur. C'est affaire de cœur et de délicatesse.

Enfin, il y a une autre question, celle de la compassion pour la fatigue, les déboires, les soucis qui sont inséparables de tout enseignement, dans quelques conditions qu'il se donne. Qu'il s'agisse d'une personne âgée, usée par les travaux et les peines de l'existence, ou d'une jeune fille qui, à peine plus âgée que vous, passe à côté de toutes les jouissances qui vous sont accordées, et use ses belles années dans un aride labeur, vous devez à vos professeurs des prévenances, des attentions, de la sympathie.

Si vous êtes en pension, vous avez naturellement le devoir de traiter vos maîtresses comme des mères. Si vous êtes chez vos parents et si vos professeurs y viennent vous donner des leçons, le savoir-vivre, en dehors de tous les motifs que j'ai énumérés, exige impérieusement que vous observiez certaines règles de convenance élémentaire.

D'abord, il faut être exactes, ne jamais faire attendre le professeur. Son temps est précieux, moralement, et aussi pécuniairement. Tout doit être préparé d'avance en vue de la leçon. En hiver, il doit y avoir du feu dans l'appartement où elle se donne. Ceci semble peut-être une recommandation superflue. Cependant je connais des personnes riches, qui se piquent en outre de bonne éducation, et qui n'ont pas honte de faire, en ce cas, la mesquine économie d'un peu de bois ou de charbon, donnant pour prétexte qu'on n'est pas frileux, et que l'heure de la leçon est courte. Oui, elle l'est pour vous, qui pouvez, avant et après, aller vous chauffer, mais il n'en est pas de même pour celui qui arrive transi, mouillé peut-être, et qui, après avoir grelotté dans une chambre sans feu, va s'exposer, de nouveau, aux intempéries. Il faut donc avoir du feu, offrir au professeur de s'en approcher, de se chauffer. J'aimerais qu'on lui fît apporter, selon l'heure qu'il est, quelque rafraîchissement en été, quelque réconfortant en hiver. Songez qu'il n'a peut-être pu se réserver, dans une longue et fatigante journée, le temps du lunch qui réparerait quelque peu ses forces! La duchesse de la R..., une des plus grandes dames de France, ne manquait jamais, pendant la leçon de piano que donnait à ses filles une femme d'ailleurs très distinguée, de lui faire apporter ce lunch, de même que les jeunes filles auraient cru manquer à un devoir élémentaire en omettant de reconduire leur maîtresse lorsque la leçon était terminée.

Lorsqu'on écrit à un professeur, ce doit être avec ces mêmes égards, le traitant, socialement parlant, comme un égal pour la position, et tenant compte, comme nuance, de son âge et de son mérite. Manquer d'égards et de reconnaissance est, je ne saurais trop le dire, le fait d'une âme étroite et vulgaire.

Quand on lui envoie le prix de ses leçons, il faut envelopper l'argent dans un papier très convenable, et y joindre, dans une enveloppe fermée, un mot aimable de remerciement, de gratitude pour les bons soins ou les bons conseils qu'on a reçus.

Si l'on remet soi-même le montant des leçons, on enveloppe l'argent, on le place dans une enveloppe non cachetée, et on le dépose sur la cheminée, sur la table ou sur le piano, toujours avec une parole aimable et reconnaissante.

Une femme de cœur et de bonne éducation ne cessera jamais complétement ses relations avec ceux qui ont aidé à son développement moral, intellectuel ou artistique. Les rapports qu'elle entretiendra avec eux seront plus ou moins intimes, et répondront, naturellement, à ceux qui ont existé pendant la durée de l'éducation. Il est évident que vous ne conserverez pas la même intimité avec un professeur de dessin ou de piano qui n'a jamais pénétré dans l'intimité de vos parents, qu'avec la maîtresse qui a contribué à former votre cœur, et à qui vous avez donné votre confiance. A l'une, vous écrirez des lettres affectueuses ne fût-ce qu'au jour de l'an; aux autres, vous vous bornerez, quand vous serez mariées, à des envois de cartes et de lettres de faire part; tout est relatif, et les relations, je le répète, sont en mesure de celles qui ont existé autrefois. Mais si vous rencontrez dans un salon un de vos anciens professeurs, ne commettez jamais l'inconvenance, n'ayez jamais la triste ingratitude de ne pas le reconnaître et le saluer.

Une dernière recommandation. Lorsqu'on invite un professeur à une soirée, à un dîner, à une réunion quelconque, il faut de toute nécessité se souvenir que l'on est tenu à le recevoir sur un pied d'égalité avec les autres invités. On doit se garder d'*utiliser* ses talents, et de paraître ainsi l'avoir invité pour éviter de rétribuer un artiste. A moins qu'il ne soit dans son intérêt de se faire entendre, par exemple, s'il est musicien (ce qui peut arriver pour un artiste encore peu lancé, qui désire des occasions de se faire connaître), il est de mauvais goût de lui demander de jouer ou de chanter; c'est à lui, s'il veut vous faire plaisir, à se mettre à votre disposition. En ce cas, vous devez lui témoigner beaucoup de reconnaissance, et faire en sorte qu'on l'écoute avec une grande attention.

En voilà bien long, Mesdemoiselles, sur ce sujet, qui paraîtra superflu à beaucoup d'entre vous, j'en suis sûre. Il vous suffira de consulter votre cœur et votre bon sens pour faire preuve, vis-à-vis de vos professeurs, de politesse, de respect, de bonne éducation.

La politesse au foyer.

Il y a beaucoup de jeunes filles qui considèrent la politesse comme un objet de luxe, dont on ne doit se servir qu'avec les étrangers et dans les grandes circonstances, et qui, en rentrant au logis, se hâtent de s'en dépouiller, de la même manière qu'elles enlèvent leurs vêtements de sortie et les serrent dans une armoire.

Avez-vous quelquefois réfléchi à la signification littérale de ce mot : politesse ? Il veut dire quelque chose de poli, un esprit poli, des paroles, des manières polies.

Or, une chose polie, c'est une chose que le frottement a adoucie, usée, s'il l'a fallu, dans une certaine mesure, qui ne blesse pas au contact, qui n'a point d'aspérités.

Si telle est la politesse, il faut admettre qu'elle s'acquiert par l'usage, par l'habitude, et que, une fois acquise, elle fait, pour ainsi dire, partie de notre individualité, qu'elle a améliorée. Ce n'est donc point comme un objet de luxe qu'on prend et qu'on laisse, comme un vêtement qu'on revêt ou qu'on ôte. Une personne véritablement polie l'est toujours, en toute circonstance, avec tout le monde. C'est pourquoi je n'ai jamais compris qu'on se targue de politesse, et qu'on dédaigne d'être poli dans l'intérieur de la famille.

Peut-être, Mesdemoiselles, jugez-vous qu'il suffit d'être polies envers vos parents. Cela, c'est un devoir qui découle du respect. Mais avec vos frères et vos sœurs, vous jugez les formes du langage et des manières superflues, les égards encore plus inutiles, la patience, la douceur, la possession de soi, toutes les choses, en un mot, qui rentrent dans le domaine de la politesse, encombrantes et ennuyeuses.

Pour décider la question, il suffit de jeter un coup d'œil dans un intérieur où l'on professe ces principes, où l'on juge la politesse en famille inutile et ridicule.

D'abord, les égards et les attentions sont supprimés. On ne souhaite ni le bonjour, ni le bonsoir, et avec le baiser fraternel ou le serrement de mains cordial disparaissent et l'échange affectueux des sentiments, et le pardon tacite demandé ou accordé après les menus dissentiments du jour.

Ensuite, on ne songera ni à céder la meilleure place, ni à offrir le meilleur morceau d'un plat, ni à veiller au bien-être les uns des autres, ni à s'inquiéter des petites souffrances, des menus besoins d'autrui. On deviendra fatalement égoïste : qui ne pense pas à ceux qui l'entourent retombe sur lui-même, et s'absorbe dans le sentiment et la recherche de sa propre satisfaction.

Sous prétexte qu'il n'est pas besoin d'employer de circonlocutions pour exprimer sa pensée, le langage sera tour à tour sec, brutal, désagréable. On ne s'abstiendra plus d'un reproche, d'une critique, d'une réflexion qualifiée de *franche*, qu'on eût supprimés vis-à-vis des étrangers, ou que, tout au moins, on eût dû envelopper de précautions et tremper d'affection pour ne froisser ni le cœur, ni l'amour-propre de ceux auxquels ils s'adressent. De là, une source d'aigreur, de rancune, d'amertume, qui jaillit, toujours plus vive, et mine peu à peu la tendresse, l'union, l'intimité.

Et que dire de ce sans-gêne qui, sous prétexte de liberté, porte atteinte aux droits, aux goûts, au plaisir d'autrui, qui impose ses propres goûts, ses idées, ses manies, qui tantôt accapare la conversation, tantôt la laisse languir sans vouloir la relever, et, sous prétexte de fatigue ou de paresse, tombe dans de longs, maussades et ennuyeux silences?

Et les discussions qui, avec de la politesse, resteraient simplement intéressantes et amicales, et qui, sans politesse, dégénèrent en disputes, arrivant parfois aux mots blessants, méchants, aux brouilles fâcheuses dont, même après une réconciliation, il reste toujours quelque chose?

Dans un intérieur où il se passe des choses telles que je viens de les décrire, il est impossible que des frères et des sœurs restent unis, aimants, et jettent les bases de cette tendre affection, que les années ne font que fortifier, et auxquelles les souvenirs d'enfance et de jeunesse fournissent un si doux et si précieux aliment.

J'ajoute qu'il est difficile que des jeunes filles qui *pratiquent l'impolitesse* vis-à-vis de leurs frères et de leurs sœurs, restent irréprochables envers leurs parents. Le sans-gêne est une habitude aussi envahissante que fâcheuse. Et plus tard, il pourrait devenir le germe de votre malheur.

Je connais trop de ménages où le défaut d'égards et de politesse a ouvert la porte aux discussions, à l'aigreur, à ces paroles froissantes, irrémédiables, qui amènent la discorde et la désunion.

La politesse arrête de véritables maux, en retenant, encore une fois, la saillie blessante, le mot désagréable, le reproche trop vif, la critique inutile ou maligne, le mouvement trop prompt, et aussi en inspirant les procédés qui préviennent et empêchent les habitudes d'égoïsme.

Mais, direz-vous, la politesse ainsi comprise, est la réunion ou la quintessence de toutes les vertus ?

Elle a été inventée pour les remplacer, et je reconnais que le plus sûr serait de posséder les vertus, avec le vernis qui leur donne un lustre de plus.

En tout cas, que vous soyez plus ou moins vertueuses, vous savez vous contraindre et être polies avec des étrangers, des indifférents, des ennuyeux, des gens pour qui vous ressentez une involontaire antipathie. Ne pouvez-vous faire le même effort, si effort il y a, pour ceux que vous aimez chèrement, à qui vous donneriez, si besoin en était, mille preuves de dévouement, et qui vous rendent sincèrement votre affection ? Essayez, et bientôt il n'y aura plus d'effort, mais une habitude vite contractée, et devenue si facile qu'elle vous semblera la pente de votre nature et le mouvement même de votre cœur.

Les domestiques.

Parmi ceux qui, socialement parlant, sont nos inférieurs, il n'en est pas envers lesquels nous ayons de devoirs plus stricts que les domestiques.

Réfléchissez d'abord à l'étymologie de ce mot : il vient du latin *domus*, qui, vous le savez, veut dire maison. Ils font, en effet, partie de la maison, de la famille ; nos rapports avec eux sont continuels, et doivent, entre tous, être réglés par le sentiment de leurs droits et de nos devoirs, et aussi par la compréhension juste, vraie et bienveillante de nos droits à nous et de nos devoirs.

D'abord, ils ont des droits. Du moment que vos parents les ont jugés dignes de faire partie de leur maison, de vivre sous leur toit, d'avoir avec vous des relations constantes, ils doivent compter sur certains égards, sur votre confiance dans une juste mesure, sur votre bienveillance, sur votre politesse et sur votre indulgence.

Quand je dis qu'ils ont droit à une certaine confiance de votre part, je ne veux pas prétendre que vous leur racontiez vos affaires, que vous leur fassiez part de vos projets, de vos impressions, etc. Ce genre de confiance ne doit s'accorder à ses égaux qu'avec circonspection, et est dangereux vis-à-vis des domestiques. Leur éducation ne les a pas toujours dressés à la discrétion ; puis, il ne convient pas d'ètre familière, ni de traiter en camarades des personnes qu'on peut avoir à reprendre l'instant d'après, et qui comprendraient mal un changement dans votre manière d'être. Par la confiance qu'on leur doit, je n'entends pas non plus cette confiance aveugle, qui tient de l'imprudence ou du désordre, et qui, trop souvent, expose à la tentation des domestiques qu'on ne connaît pas encore, ou dont on n'a pas suffisamment éprouvé la probité. Combien, parmi eux, ont cédé à une occasion qu'ils jugeaient irrésistible, et qui seraient restés honnêtes si leurs maîtres ne les avaient pas exposés à cette tentation ! Mais ce que je veux dire, c'est que, tout en restant prudentes, vous ne devez pas, sans raison, vous défier des personnes qui vous servent. Jusqu'à preuve du contraire, vous êtes tenue à croire à leur honnêteté, et alors même que vous remplissez votre devoir en évitant de les tenter, vous ne devez jamais paraître blessantes ni défiantes.

Trop de jeunes filles considèrent les domestiques comme des ennemis, et les traitent comme tels. Je ne nie pas que, surtout de nos jours, avec les idées révolutionnaires qui envahissent notre pauvre peuple, il n'y ait des domestiques aigris, insolents, prévenus contre leurs maîtres, ayant horreur de l'autorité, et incapables de s'attacher à la maison qui les abrite ; mais tous ne sont pas ainsi ; il y en a un grand nombre dont les bons procédés peuvent gagner le cœur et assurer la fidélité, et le résultat vaut la peine qu'on essaie.

Soyez donc bienveillantes pour eux, n'incriminant pas leurs intentions, ne leur attribuant pas sans raison de motifs blâmables, excusant leurs fautes, leurs maladresses, leurs inégalités d'humeur.

N'avez-vous jamais réfléchi à ce que leur sort a de pénible? N'avez-vous jamais, par exemple, établi de parallèle entre vous et cette jeune fille qui vous sert, qui a votre âge, peut-être, et dont la situation offre avec la vôtre de si frappants contrastes? Prenez sa journée depuis le matin, et comparez-la avec la vôtre.

Vous vous levez à l'heure qui vous convient, ou tout au moins à celle que vous a fixée la sagesse d'une mère très tendre et très soucieuse de votre santé et de votre bien-être. Vous avez des occupations faciles, agréables, intéressantes, dont la fatigue est exclue; vous goûtez des distractions nombreuses et variées; vous êtes l'objet des préoccupations, des soins, des gâteries de toute une famille; votre toilette est soignée, élégante, peut-être; on s'ingénie à satisfaire vos fantaisies, à vous préparer des surprises; on est indulgent pour vos caprices, pour vos moments d'humeur, pour vos défauts.

Votre femme de chambre ou votre bonne à tout faire se lève tôt; vous la grondez aigrement, peut-être, si elle retarde de dix minutes l'heure à laquelle elle doit allumer votre feu ou vous apporter votre chocolat. Elle passe sa journée dans des travaux dont quelques-uns sont rudes : beaucoup de servantes portent l'eau, montent le charbon et le bois, frottent les parquets; ou bien, elle passe de longues heures courbée sur un ouvrage d'aiguille le plus souvent bien fastidieux, ou, le visage enflammé, penchée sur un fer à repasser. Son service occupe même sa soirée. Elle n'a jamais droit au repos, à moins d'être atteinte d'une maladie caractérisée. On n'admet pas pour elle une demi-heure de flânerie; son temps est mesuré : si elle sort pour faire une commission, on calcule la distance exacte qu'elle a à parcourir, et on lui fait souvent un crime d'être restée causer cinq minutes avec une amie. Qu'elle soit plus ou moins fatiguée, il faut qu'elle produise la même dose d'ouvrage de telle heure à telle heure. Ajoutez qu'elle est à votre sonnette, qu'elle doit se déranger dix fois par heure si tel est votre bon plaisir, qu'elle doit interrompre sa besogne, la reprendre, la changer, tout cela sur un mot de sa maîtresse, et, pour compléter ce tableau qui, avouez-le, n'est pas exagéré, il lui est interdit non seulement de se plaindre, non seulement de laisser voir un peu d'humeur, mais même d'avoir *un air* renfrogné ou maussade. A vous, il est permis d'avoir des défauts; qui n'en a pas? dites-vous. On admet que vous ayez des nerfs, dans votre vie facile et agréable. Mais à elle, qui est isolée dans une maison étrangère, séparée de sa famille, privée de plaisirs, soumise à la fatigue, obligée de supporter le caractère plus ou moins difficile de ses maîtres, et souvent leur injustice et leur dureté, il n'est pas permis d'avoir une imperfection. Est-ce équitable? Ne pensez-vous pas que cette fille de votre âge, si elle n'est pas bien traitée, surtout, fera des comparaisons entre vous et elle, et amassera dans son cœur une amertume douloureuse et des ferments de révolte contre son sort et contre la société, surtout si, comme c'est trop fréquent à notre époque, elle ne possède pas la notion chrétienne de la volonté de Dieu, de sa sagesse, de son amour, et des compensations d'une autre vie?

Vous devez donc à ces pauvres gens de la pitié, de la bonté, le souci de leurs fatigues, le soin de leur santé, et avec cela, la politesse des manières et des paroles, cette politesse qui est due à *tous* sous des formes diverses, qui adoucit les choses pénibles, et jusqu'aux observations, qui récompense des fatigues et des peines, et qui garde à l'autorité son prestige, tout en assurant le respect et l'affection des inférieurs.

Parmi les variétés de cette politesse, il faut surtout observer la gratitude que mérite tout service, fût-il dû. Ce n'est pas une raison parce que les domestiques sont payés pour qu'on ne les juge pas dignes d'être remerciés. De même, on ne doit rien leur demander sans une formule polie. Une femme bien élevée ne donnera jamais un ordre sec et bref, sur un ton de commandement, et sans l'accompagner d'un : je vous prie, — voulez-vous, — s'il vous plaît.

Certes, vous aussi avez des droits, et les domestiques des devoirs. Loin de les méconnaître, il faut en tenir compte; vous ne devez pas être indulgentes par faiblesse, par lâcheté, mais par bonté. Vous rendriez un mauvais service à ceux qui vous servent en les autorisant tacitement à négliger leur service, et à se donner des torts envers vous. Seulement, en apprenant à commander et à exiger ce qui vous est dû, il faut tremper votre autorité de douceur, de justice, de bonté.

Tout ce que je vous dis là, Mesdemoiselles, est, vous le reconnaîtrez, imposé par le sentiment chrétien, qui nous fait voir des frères dans toutes les créatures de Dieu, par le sentiment de l'équité, par la bonté, qui s'éveille si aisément chez une jeune fille quand on s'adresse à son cœur.

Le savoir-vivre impose également la politesse envers les domestiques. Rien ne dénote une mauvaise éducation et même, très souvent, une origine vulgaire, comme l'arrogance et l'impolitesse envers les inférieurs.

Si je voulais mêler à tout ceci une note d'intérêt personnel, j'ajouterais qu'il y va de notre réputation, qui se trouve, dans une plus grande mesure qu'on ne pense, entre les mains des témoins de notre vie intime, et qui reçoit trop souvent des atteintes, hélas! méritées, de ceux dont nous avons fait nos victimes et nos souffre-douleurs.

Encore les domestiques.

Julie, vous prenez pour de la dignité le ton de froideur et de hauteur que vous affectez avec les domestiques. Ils sont faits pour vous servir, dites-vous. Certes! ils ne sauraient l'oublier, les pauvres gens! En votre prochain voisinage, ils sentent trop le précaire de leur situation, la misère qui les peut ressaisir d'un instant à l'autre, leur infériorité constante.

Ils vous obéissent, vous respectent, m'objectez-vous encore; que demandé-je de plus?

C'est vrai, ils ne pensent point à contrevenir à vos ordres, ils savent trop ce qui leur en coûterait. Ils ne manquent pas davantage au respect extérieur qui doit être exigé, et ce nom de mademoiselle, long comme s'il s'agissait de la cousine du grand roi, est sans cesse sur leurs lèvres, mais je ne voudrais pas savoir quelles épithètes s'y ajoutent dans leur cœur! Je ne voudrais pas, mais je le sais pour en avoir entendu les plus douces que je puisse répéter : pécore! faiseuse d'embarras!

Et vraiment, j'étais tout près de penser tout bas ce qu'ils disaient à mi-voix en vous suivant *très respectueusement* à deux pas de distance.

Ah! Julie! quel important personnage vous faisiez à ce moment! Votre femme de chambre ne semblait pas même avoir vis-à-vis de vous le rôle du chien qui porte le dîner de son maître, car les chiens en ce cas, l'avez-vous remarqué? ont un certain air flatté de la fonction dont on les investit. Ils savent qu'arrivés au bout, une caresse les récompensera.

Votre femme de chambre n'a aucune bonne chose à attendre, elle le sait. A peine un froid merci pour l'honneur d'avoir porté les lourds cahiers de musique de mademoiselle, et cela dans les bons jours!

Elle vous chausse; votre mère l'autorise, je n'ai rien à dire; mais quelle Altesse royale verrait à ses pieds avec un tel dédain l'esclave qui la sert?

Croyez-moi, Julie, vous pensez par ces manières dédaigneuses, hautaines, vis-à-vis des inférieurs, vous donner un genre relevé, vous n'êtes que sotte et ridicule, et pourriez en certaines occasions faire supposer que le cœur fait défaut.

Mais, je vous défendrai si, devant moi, on vous

accuse ainsi, et dirai que chez vous, c'est manque de *savoir-vivre*... Mais, de grâce, ne me forcez pas à me taire s'il m'est riposté par mes propres paroles : « Que la forme bien souvent vient du fond. »

Corrigez-vous plutôt de ce qui n'est qu'un défaut de réflexion, et pensez que nos inférieurs sont nos égaux devant Dieu ; que plus le service qu'on exige est humble, dur ou pénible, plus il veut de bonté, de douceur de la part de celui qui le demande.

Il y a un milieu facile à tenir entre la *morgue* et la familiarité. Un peu de tact le donnera. Pour les choses de service, soyez brève, précise ; point d'explications inutiles ; un ordre poli sans en donner le pourquoi, une demande accompagnée de s'il vous plaît. Pas de *conversations* inutiles avec les domestiques ; ne leur parlez jamais de vous, mais d'eux, vous intéressant à leur famille, à leur santé, à ce qui peut leur faire peine ou plaisir ; car enfin, n'oubliez pas qu'ils ont un cœur, qu'ils peuvent souffrir, pleurer. La complète indifférence sur ce qui les touche est cruelle. Si vous avez affaire à de bonnes natures, en vous montrant bienveillante, vous ferez naître le dévouement, l'attachement ; et rappelez-vous que le proverbe, « Tel maître, tel valet », contient une part de vérité. J'en ai fait maintes fois l'expérience, et ne puis m'empêcher de me méfier quelque peu des vertus et qualités des maîtresses de maisons qui tombent toujours sur des domestiques qui les trompent, les pillent, les volent, sont insolents, menteurs, etc., etc.

Quand les maîtres sont ce qu'ils doivent être, il est rare que les domestiques n'aient pas quelques qualités dont on puisse tirer parti.

Avec les ouvrières.

Comme il est complet, ce mot de savoir-vivre, quand on le creuse quelque peu ! Il embrasse toutes les circonstances de la vie, et toutes les catégories de personnes avec lesquelles on est en frottement.

Parmi ces catégories, il en est une dont je veux parler, car il me semble que peu de jeunes filles songent à l'espèce de rapports qu'il faut avoir avec elle : je veux parler des ouvrières en particulier, car pour le moment, ce ne sont guère qu'elles qui personnifient vos devoirs envers les fournisseurs.

Bien que dépendant de vos mères, vous avez des rapports personnels avec un certain nombre d'ouvrières : c'est votre couturière, ou bien ses apprenties ; c'est la blanchisseuse, c'est une brodeuse, c'est la jeune fille employée à la journée chez vos parents pour coudre ou repasser, remplacer ou alléger à certains jours le service d'une femme de chambre. Vous pouvez être appelées à donner des ordres à ces diverses catégories d'ouvrières, à leur commander différents objets, à examiner leur ouvrage, à l'accepter ou à le refuser, et enfin à le rétribuer. Tout cela comporte des devoirs, des obligations qui rentrent dans le domaine du savoir-vivre.

Tout d'abord, le savoir-vivre exige vis-à-vis des ouvrières... de l'humanité. Les jeunes filles oublient trop souvent que ce sont des femmes, peut-être des jeunes filles comme elles, qui ne peuvent, sans un grand dommage et même un réel danger pour leur santé, fournir une somme trop considérable de travail. Vous autres, les favorisées de la vie, à qui une heure de couture fait mal au dos, vous décrétez trop aisément que l'*habitude est une seconde nature,* et que celles qui cousent depuis leur enfance peuvent impunément rester assises à leur ouvrage dix heures par jour, sans air, sans exercice ; de plus, vous leur attribuez trop facilement aussi le devoir d'être impeccables et infaillibles, chacune dans sa partie. Et vous, qui manquez tant d'ouvrages, qui gâchez tant de tissus de fantaisie, de laines et de soie pour vos inutiles caprices, vous vous montrez sans pitié pour l'erreur commise par une de ces malheureuses. Donc, soyez justes, soyez humaines, soyez compatissantes. N'exigez pas une perfection qui n'est pas dans la nature, ni dans l'ordre des choses ; soyez indulgentes pour une défaillance ; ne contraignez pas l'ouvrière qui s'est trompée ou qui a manqué un ouvrage à supporter une grosse perte pour réparer sa bévue. Ménagez ses forces physiques ; épargnez-lui le surmenage, ne lui imposez pas de délais qu'elle ne peut observer qu'au prix d'un travail excessif, de veilles prolongées, — ou, ce qui est encore pis, *qu'aux dépens de sa conscience*. J'insiste expressément sur ce dernier point. Il n'est pas rare de voir des femmes chrétiennes réclamer la livraison d'une commande dans des conditions telles, et d'une manière tellement impérieuse, que l'ouvrière est placée dans l'alternative ou de mécontenter gravement une cliente, sinon de la perdre, ou de travailler le dimanche. C'est là une chose grave, une responsabilité écrasante, et cependant, beaucoup de femmes ne se font pas scrupule de commettre une telle faute. Je suis sûre qu'il suffira de vous la signaler pour que vous n'y tombiez jamais.

Vous avez encore le devoir strict d'être polies avec les ouvrières. Tout le monde, chacun dans la mesure qui convient, et que le tact détermine, a droit à notre politesse. On paraît trop souvent oublier ce grand, cet élémentaire principe de charité que tous les hommes sont frères, enfants d'un même Père céleste qui, s'il les a fait naître dans des conditions différentes, a certainement eu en vue, parmi les desseins mystérieux de sa Providence, de nous exercer à diverses vertus les uns envers les autres, et de nous faire observer, à travers les vicissitudes et les inégalités de nos situations, la grande vertu de la charité fraternelle. Donc, soyez polies, — mieux que cela, bienveillantes, — bienveillantes en commandant un ouvrage, bienveillantes en faisant les observations qu'il comporte, bienveillantes toujours, justes et même indulgentes dans les reproches que peuvent mériter la négligence et l'inexactitude.

Cette politesse n'exige certainement pas que nous traitions les ouvrières comme des égales ; ce serait un abus et un tort grave d'être familières avec elles, de les questionner, de pratiquer *le commérage ;* que dire donc des personnes qui se servent d'elles pour satisfaire leur curiosité et leur indiscrétion, en s'informant, par exemple, de ce qu'une telle a commandé ou dépensé, ou en tirant d'elles des renseignements et des informations sur les intérieurs où elles pénètrent forcément? Mais si la familiarité et le commérage sont un tort, on doit avoir pour les ouvrières certains égards : ne pas les tenir debout sans nécessité, par exemple, ne pas les déranger inutilement ni les retenir trop longtemps.

Ménager le temps des ouvrières, c'est un devoir. Il en est encore un autre très sérieux : c'est de ne pas rabaisser leur salaire au-dessous de ce qui est juste, et aussi de le leur payer aussitôt qu'il leur est dû.

Ne pas rabaisser le salaire des ouvrières ! C'est un principe élémentaire de justice ; et cependant, combien de personnes n'y pensent point, et triomphent lorsqu'elles ont marchandé une façon pendant une heure, et l'ont obtenue à un prix ridicule ! Vainement dira-t-on que l'ouvrière était libre de ne pas consentir à ce rabais exagéré ; il y a un genre de contrainte morale, et elle l'a vu employer ; elle a craint de perdre votre clientèle, elle n'a pas osé vous résister, elle a senti ce besoin d'argent si pressant qu'on préfère donner sa peine presque pour rien. Mais ce consentement forcé, extorqué, ne justifie pas votre procédé, trop souvent inique, ni votre conscience, oublieuse de la maxime évangélique : « Ne fais pas à autrui ce que tu ne voudrais pas qu'il te fît. »

Quant à l'exactitude des paiements, c'est un devoir strict, impérieux, auquel, cependant, on manque trop souvent. De grâce, Mesdemoiselles, pensez que les ouvrières vivent au jour le jour, qu'elles ont besoin, — un besoin urgent de leur salaire, et qu'elles sont exposées aux plus douloureuses privations lorsqu'on tarde à le leur payer. Trop souvent, elles doivent s'abstenir de le réclamer. Il y a un grand nombre de femmes assez injustes pour se juger offensées quand on leur envoie un mémoire qu'elles n'ont pas demandé, et pour retirer leur clientèle à l'ouvrière assez malapprise pour avoir besoin de l'argent qu'elle a gagné. Je ne qualifie pas une pareille manière d'agir. Pour vous, Mesdemoiselles, prenez l'habitude de payer un travail aussitôt qu'il vous a été livré, s'agît-il d'une lettre imprimée sur un mouchoir ou du repassage d'un jupon. Ne prenez jamais rien, ne commandez quoi que ce soit sans avoir par avance l'argent pour le payer, et gardez-vous de la négligence qui fait ajourner le paiement d'une dette. Je voudrais vous persuader de l'importance du conseil que je vous donne là. Il peut influer en ordre, en prospérité, en esprit de justice sur votre vie tout entière.

Dans les magasins.

J'étais ce matin dans un magasin, occupée à assortir des laines et des soies, ce qui demande un assez long temps. Une dame et sa fille entrèrent sans faire la plus légère inclination de tête, et pendant que l'une faisait déballer sur le comptoir des bas de toutes les couleurs et de toutes les qualités, l'autre se mit à examiner les objets exposés à la devanture, à les toucher, à les déplacer, à les replacer sans souci d'aucun ordre.

La mère, ayant choisi une paire de bas, vint les montrer à sa fille.

« Affreux ! » dit celle-ci regardant à peine et continuant son inspection.

La mère revint au comptoir, prit une nouvelle paire de bas, les soumit de nouveau à sa fille, qui répondit aimablement :

« Plus laids les uns que les autres. »

Ce fut trois fois le même jeu, après lequel ces

dames sortirent comme elles étaient entrées, sans dire ni merci, ni au revoir.

Alors la vieille demoiselle, maîtresse du magasin, qui était restée assise à la caisse pendant qu'une plus jeune servait complaisamment, me regarda avec un visage expressif, et laissa tomber cette exclamation :

« Ce sont là des femmes du monde ! des femmes qui devraient avoir une éducation parfaite ! »

Et comme je répondais un mot banal, mais montrant que je n'étais pas non plus très édifiée, la vieille demoiselle se laissa aller à ses sentiments.

« Ah ! Madame, déclara-t-elle avec conviction, nous avons vite jugé les gens, nous autres, devant lesquels on ne se gêne pas, parce que *nous ne comptons pas*. On se laisse voir sous son véritable jour. Combien de fois ai-je souhaité derrière la porte de mon arrière-magasin quelques-uns de ces beaux messieurs devant lesquels des demoiselles comme celle que nous venons de voir se montrent gracieuses et charmantes ! quels renseignements nous pourrions souvent leur donner sur l'éducation, le caractère, l'amabilité de leurs futures femmes !... »

Je laissai la vieille demoiselle déverser son cœur, d'autant mieux que je trouvais si justes ses réflexions sur « la clientèle » comme elle disait, sur les personnes qui font défaire des rayons entiers, déplier trente pièces d'étoffes, ouvrir cent cartons et s'en vont sans rien prendre et sans s'excuser, trouvant trop heureux ceux qui les servent, dénigrant tout haut le contenu du magasin, déclarant ceci et cela d'un goût détestable. Ceci peut être; mais il n'est pas nécessaire de le proclamer devant ceux qui sont pour quelque chose dans le choix et l'arrangement des objets. C'est blesser inutilement. Il est si facile de se taire, d'avoir un mot bienveillant qui fait oublier à celui qui nous sert les ennuis de son métier ou de sa situation! D'autres personnes, et cela se fait trop souvent, vont dans un magasin de confections, ayant l'intention bien arrêtée de ne rien prendre; elles voient, essayent tous les modèles, s'en font porter quelques-uns chez elles, avant de se fixer, disent-elles, et les renvoient ensuite après avoir pris le patron d'un col ou d'un parement, l'idée d'une garniture.

C'est d'une indélicatesse qu'on ne peut trop blâmer, ne le sent-on pas? C'est, dans une certaine mesure, *prendre* ce qui appartient au prochain : à une tailleuse, à une ouvrière, une façon dont elle doit tirer profit, à une modiste un modèle nouveau.

Nous avons des *devoirs* envers tous ceux-là que nous appelons nos inférieurs, des devoirs de charité, de politesse. Combien n'y ont jamais songé!

Le savoir-vivre demande que nous les remplissions.

———

Avec les pauvres.

Si vous possédez, avec cette compassion qui est l'honneur de l'humanité, la vraie charité chrétienne, il n'est pas besoin qu'on vous enseigne la manière de traiter les pauvres. En effet, un cœur bien placé ressent le respect et la pitié de la souffrance, et la charité s'inspire de la foi, qui, non seulement reconnaît dans les malheureux les enfants de notre Père céleste, mais encore voit en eux Celui qui a dit : « Ce que vous ferez à l'un de ces petits, c'est à moi que vous le ferez. J'ai eu faim, et vous m'avez donné à manger. »

Il semblerait à peine nécessaire de traiter ce sujet. Cependant, comme on peut, tout en étant au fond très convaincu d'une vérité, et même en possédant un sentiment bon et vrai, se laisser aller, par étourderie, par ennui ou par impatience, à agir à l'encontre de ce qu'on croit, de ce qu'on sait, et même de ce qu'on sent, peut-être vaut-il mieux vous rappeler ce que, à défaut même de la bonté et de la charité, le savoir-vivre impose vis-à-vis de la misère.

Ici, je ne prétends pas parler du devoir de l'aumône, mais de la manière de la faire ou de la refuser.

Souvenez-vous que ce qu'on donne a dix fois plus de prix s'il est donné d'une manière compatissante et délicate. Il faut éviter que l'aumône blesse celui qui la reçoit. Je sais bien qu'il y a d'incorrigibles quémandeurs, et des gens qui, blasés par la misère et la souffrance, ne ressentent aucune répugnance à accepter le secours d'autrui; mais il faut se garder de croire que tous les pauvres sont ainsi. Il en est, et beaucoup, qui ne s'accoutument jamais à recevoir, pour qui cette humiliation ne s'émousse jamais complétement, soit qu'ils aient une fierté naturelle, une dignité instinctive, soit qu'ils aient connu des jours meilleurs, et que le contraste leur rende le présent doublement pénible. On doit donc prendre les précautions qu'inspirent à la fois la bonté et la délicatesse pour ne pas faire d'un don destiné à alléger leur peine une souffrance nouvelle et aiguë. On peut toujours, avec du tact, remettre une aumône sans blesser; non seulement on devra éviter la hauteur, la rudesse et la sécheresse, mais encore faudra-t-il joindre au don que l'on fait une bonne parole, un élan de compassion, une marque de vraie sympathie.

Quand on va chez des pauvres ou qu'on les reçoit, il est élémentaire de cacher l'impression de dégoût qu'on peut éprouver en face du désordre et de la malpropreté qui, il faut le dire, accompagnent trop souvent la misère. Refuser de s'asseoir, se tenir à distance, éviter de toucher ou même de caresser un enfant qui vient à vous, ce serait changer en offense une œuvre de charité.

Il y a aussi une manière de refuser l'aumône. On ne peut pas toujours donner; mais au moins peut-on dire poliment qu'on n'a pas d'argent et qu'on le regrette.

Enfin, il y a de mauvais pauvres comme il y a de mauvais riches; il y a des gens qui abusent de votre bonté, qui vous trompent, qui font un emploi blâmable de ce que vous leur donnez. Il est certes permis de leur faire des observations; mais il faut toujours se souvenir, vis-à-vis des pauvres, des circonstances atténuantes qui naissent de leur misère elle-même, et des tentations qu'elle leur suggère. Soyez bienveillantes jusque dans votre sévérité, et que vos reproches les plus légitimes ne revêtent jamais une forme dure ou impertinente.

Parlerai-je d'un devoir que la politesse impose

envers toutes les classes, et que la charité rend plus impérieux quand il s'agit des pauvres? Eh! bien, sachez-les supporter quand ils vous ennuient, et faites-leur l'aumône de votre attention et de votre sympathie. Se voir accueilli et écouté, cela semble souvent aussi nécessaire que recevoir de l'argent.

Avec les affligés.

Ceci tient certes plus du fond que de la forme. Je pourrais ne vous dire qu'un mot : « Laissez parler votre cœur, c'est lui qui vous dira ce qu'il faut faire et ce qu'il faut éviter vis-à-vis de ceux qui souffrent. »

Mais il y a d'excellents cœurs doublés de têtes étourdies, et peut-être est-il bon de leur rappeler ce qu'exige d'eux le malheur, sous quelque forme qu'il se présente.

Le code de la sympathie envers le malheur a été tracé d'un mot par saint Paul : « Pleurez avec ceux qui pleurent. »

Ceci, bien entendu, ne peut être pris à la lettre. Quelle que soit votre bonté naturelle, vous pouvez être rebelles aux larmes, et d'ailleurs, ni la bonté ni la sympathie n'exigent un tel témoignage. Mais le mot de l'Apôtre signifie qu'il faut s'oublier, se mettre de côté pour entrer dans la situation de ceux qui souffrent. Et la politesse, qui accompagne la charité ou qui doit la remplacer si celle-ci est malheureusement absente, prescrit, elle aussi, le devoir d'être complétement occupé des affligés ou des malades que l'on va voir, pendant le temps que dure la visite qu'on leur fait.

Vous avez été sans doute, comme moi, parfois choquées du ton que prend la conversation dans un salon où l'on est venu pour exprimer des condoléances; que ce soit manque de cœur, étourderie, répugnance égoïste des sujets tristes et pénibles, il ne manque pas de gens qui, après avoir demandé de ses nouvelles d'un air pénétré et avec un serrement de main significatif à la personne affligée, détournent aussitôt l'entretien de tout ce qui pourrait l'entraîner vers des détails qu'ils redoutent, et causent de la pluie, du beau temps, des nouvelles de la ville ou de la politique, avec une parfaite liberté d'esprit, et un oubli complet du but de leur visite. Il arrive même, en des cas semblables, que la conversation devient presque gaie, et qu'on arrive à rire dans une maison et dans des circonstances où le rire sonne absolument faux.

Est-ce à dire qu'on doive forcer à donner de douloureux détails sur leur malheur des personnes qui ont peut-être une sorte de pudeur de leur souffrance, qui n'en parlent pas volontiers aux étrangers, et à qui, du reste, il serait inhumain de faire répéter vingt fois dans une journée, à tout venant, un récit qui leur brise le cœur?

Non, sans doute; mais c'est ici que le tact doit être utile, car c'est lui qui enseigne à parler aussi bien qu'à se taire. Peut-être l'amie que vous allez voir n'a-t-elle pas le courage de parler du malheur qui vient de la frapper; peut-être, au contraire, trouve-t-elle du soulagement dans l'épanchement de son chagrin et des circonstances qui l'ont accompagné. Vous devez, dans l'un et l'autre cas, entrer dans son sentiment. Après lui avoir, en entrant, exprimé votre sympathie sincère, il faut, si elle désire vous ouvrir son cœur, l'écouter affectueusement, et montrer de l'intérêt pour ce qu'elle vous raconte, sans paraître lassée des redites inévitables en pareil cas. Si, au contraire, elle détourne la conversation d'un sujet qu'elle ne se sent pas la force d'aborder, prêtez-vous à la diversion qu'elle demande tacitement; mais alors, évitez du moins que l'entretien ne dégénère en frivolités, en banalités inconvenantes en pareil cas, et maintenez-le sur un ton qui ne puisse froisser le sentiment qui la possède vivement, bien qu'elle le cache en elle.

Quant aux consolations, souvenez-vous qu'il en est d'odieuses, et qu'il vaut mieux se taire plutôt que de froisser un cœur souffrant; de même que des remèdes maladroitement administrés peuvent aggraver une maladie, et qu'un toucher brusque ou maladroit peut rouvrir ou envenimer une plaie, il y a des condoléances qui blessent douloureusement ceux qu'elles prétendent consoler. Par exemple, c'est agir sottement et maladroitement que de dire à une mère qui vient d'ensevelir un enfant infirme que c'est, au fond, un bien grand bonheur qu'il lui ait été enlevé, parce qu'il aurait souffert toute sa vie ; ou à une fille qui pleure un père très âgé, qu'à cette période de la vie on doit bien s'attendre à pareil deuil. C'est encore une consolation stérile de représenter aux gens affligés qu'il en est d'encore plus malheureux. A ceci ils peuvent répondre, non sans raison, que le chagrin des autres n'allège pas leur fardeau.

Je le répète, pour être telle qu'on doit avec les affligés, il faut consulter son cœur, se mettre dans la situation d'autrui, et pour cela, braver ce qu'a de pénible une visite de ce genre, ne pas craindre ce contact avec la douleur qu'il faut expérimenter tôt ou tard, enfin, apprendre ce qui adoucit ou soulage les malheureux, de même qu'on étudie ce qui atténue et allège les souffrances d'un malade.

Avec les malades.

Ici, un bon cœur ne suffit pas, il faut du tact et de la réflexion.

C'est très bien d'aller voir ses amis malades et d'avoir des attentions pour eux ; c'est très bien aussi, c'est même un devoir de soigner ses parents en cas de maladie ; mais sous peine de leur être insupportables ou nuisibles, il faut prendre certaines précautions, et pratiquer envers eux un genre de savoir-vivre spécial.

D'abord, ne point être bruyantes.

Ensuite, ne point être *bougeantes*.

L'expérience, heureusement, ne vous a pas encore appris le besoin excessif de silence et de tranquillité que l'on ressent quand une souffrance physique vous abat et vous affaiblit.

Il faut avoir des attentions, prévoir les besoins, éloigner ou éviter ce qui est désagréable ; mais il ne faut pas, en revanche, se montrer empressée à contre-temps, et fatiguer le malade par des précautions et des soins superflus ou exagérés, en le tirant de son repos, par exemple, pour lui demander ce qu'il désire, ou en lui proposant une foule de choses qui ne lui sont pas agréables.

Enfin, il faut, surtout près des malades, éviter l'importunité. On ne se doute pas de l'énervement que peut causer une visite trop longue, ni du mal qu'on fait souvent en forçant la porte de quelqu'un qui a besoin de repos, de solitude ou de silence.

Par contre, je vous conseille de ne point craindre, par un sentiment d'égoïsme, l'impression attristante d'une chambre de malade, et le contact souvent fatigant et ennuyeux, je l'avoue, de ceux qui souffrent. Dans la mesure où vos parents le jugent convenable et vous le permettent, apprenez, dès maintenant, à remplir les devoirs de parenté et d'amitié, même s'ils vous paraissent pénibles, attristants ou fastidieux. C'est ainsi qu'on se forme aux tâches de la vie, et qu'on se prépare à être utile aux autres en évitant le grand écueil de l'importunité.

TROISIÈME PARTIE

TROISIÈME PARTIE

L'amabilité.

« Avec de la vertu, de la capacité et une bonne conduite, on peut être insupportable. »

C'est La Bruyère qui l'a dit, et il est assez bien posé comme moraliste pour que je n'aie pas à me défendre de penser comme lui. Qui, du reste, ne constate chaque jour la vérité de cette parole ? Qui, dans son entourage plus ou moins voisin, ne connaît une personne de laquelle il puisse dire ou penser qu'elle ferait prendre la vertu en grippe, si la vertu revêtait toujours semblable forme ?

Voilà telle personne dont le dévouement est connu, le mérite incontestable ; telle autre, irréprochable dans ses devoirs, faisant le bien, secourant la misère, et, cependant, je ne recherche pas leur société ; bien moins, chaque fois qu'il m'est possible de les éviter, je le fais avec le plus grand empressement. Je peux les admirer, et je les admire ; chanter leurs vertus, et je les chante de tout cœur. Quant à ma sympathie, je regrette de ne la leur point donner : je ne puis rien contre un sentiment qui s'inspire, mais ne s'impose jamais.

A ces personnes dont je parle, il ne manque qu'un peu d'amabilité, de politesse, de ces manières charmantes qui doublent le prix des choses et rehaussent les plus insignifiantes. Formules banales souvent, négligées à cause de cela, peut-être, parce qu'elles semblent puériles.

Puériles ? Ce qui rend agréable les rapports avec le prochain ne l'est jamais, et il ne doit pas être indifférent qu'on nous trouve agréable ou désagréable. Ce serait là un dédain mal placé, un mépris qui témoignerait plus d'un certain orgueil que d'une modestie réelle. Oui, la politesse n'est souvent qu'un vernis, quelquefois un masque servant à cacher des sentiments peu bienveillants, des mots aimables voilant la pauvreté du fond, des apparences de bonté sans bonté réelle ; mais parce que la politesse, l'amabilité montre extérieurement les hommes ce qu'ils devraient être en dedans, est-ce une raison pour la bannir ? Ce serait le cas d'appliquer, en la restreignant aux proportions de mon sujet, la maxime de La Rochefoucauld : « L'hypocrisie est un hommage que le vice rend à la vertu. »

Je l'admets donc, ces manières qui me charment,

ces phrases aimables pour me féliciter d'un événement qui me touche, ces sourires, ces saluts profonds, ces marques de respect, ces témoignages de sympathie, tout cela peut n'être que superficiel. La plupart du temps, dans le monde, a-t-on le temps d'aller au delà? On s'en va effleurant le dessus des personnes et des choses, sans avoir l'occasion d'aller plus loin. Si ce que je vois me paraît charmant, pourquoi penserais-je, jusqu'à preuve du contraire, que ce que je ne vois pas est laid ou moins bien? C'est quelque chose qu'un joli étalage, si la jouissance des yeux est la seule qui soit à ma disposition.

Les règles de la politesse sont multiples, elles varient comme les temps, les coutumes, les mœurs ; elle n'est pas la même dans tous les pays ; ainsi la politesse, qui veut en France que l'homme soit le premier à saluer la femme, demande le contraire en Angleterre. Et comme je m'étonnais devant une amie d'outre-mer, ne comprenant point la manière de faire qui me semblait un manque de dignité, elle essayait de me prouver que cet usage venait d'un respect plus profond. La femme, saluant la première, dit à l'homme : « Je vous fais l'honneur de vous connaître, je vous permets de vous incliner devant moi. » Ainsi, deux sentiments analogues peuvent s'exprimer de façons contraires.

Il y a donc un code de politesse, certaines manières de faire, de dire en telle ou telle circonstance, dont on ne peut s'affranchir sans se faire accuser de manquer d'éducation, et nous avons dans notre langue, pour qualifier cela, un mot bien éloquent, bien fort. Manquer de politesse, c'est ne pas *savoir vivre*. Il appartenait au peuple regardé comme le plus poli, d'avoir créé ce mot-là.

On dit, depuis longtemps déjà, que nous commençons à démériter de notre réputation à cet égard. Je ne doute guère, en effet, que si les contemporains du roi qui créait Versailles entre deux traités et au bruit des victoires, revenaient aujourd'hui passer quelques heures dans nos salons, ils n'eussent de vrais étonnements, qui ne viendraient pas seulement du changement de costume.

Avec la perruque, la culotte courte, les jabots de dentelle disparus, ils pourraient regretter bien d'autres choses, plus d'une fois se demander s'ils sont bien dans cette partie de la société qui s'appelle « le monde », sans doute parce que c'est d'elle que doit venir l'exemple de tout ce qui est politesse, *savoir-vivre*.

De notre côté, nous pourrions sourire en les voyant déployer tant de grâces et de majesté, tant de galanteries et de manières. Chaque mode n'a qu'une saison; celle-là, regrettée ou non, ne reviendra plus, et une fois passée, elle est ridicule; ce le serait aussi quelque peu de verser des larmes stériles sur des usages qu'on ne peut faire revivre; il vaut mieux regarder ce qui est au-dessus de la mode et de tous les temps, ce qui ne tient pas seulement à la forme, mais au fond, pas seulement à la politesse dans les manières, mais à l'*esprit* de politesse; et voilà comment La Bruyère le définit :

« C'est, il me semble, dit-il, une certaine attention à faire que par nos paroles et nos manières les autres soient contents de nous et d'eux-mêmes. »

Qu'ajouter après cela? Est-il quelque chose de plus complet? Mais n'est-ce pas toujours arriver au principe divin de la charité, à cet amour mutuel qui demande, veut, non seulement que nous nous prêtions appui dans l'infortune, mais que nous soyons agréables les uns aux autres. Cet esprit, dit La Bruyère, c'est le cœur qui le donne; c'est un peu ce que nous appelons le tact, cette pénétration, ce quelque chose d'inné qui fait deviner ce qu'il faut dire ou taire, pour faire plaisir ou éviter le moindre froissement.

C'est la quintessence de la politesse, le duvet de sa fleur, son parfum.

Désir de plaire.

Henriette et Charlotte ont à un égal degré, me dites-vous, le désir de plaire; mais de quelle source différente naît en chacune ce désir !

Chez Henriette, il peut mener aux plus grosses fautes, aux plus vilains défauts, engendrer les jalousies, la vanité, mille coquetteries. Ce désir n'est au fond que l'amour désordonné d'elle-même. Chez Charlotte, il tient à ce qu'il y a de meilleur, de plus généreux : l'amour du prochain. Elle désire plaire pour être agréable à ceux qui l'entourent, leur donner une satisfaction, une joie, parce qu'en plaisant elle fait plaisir. Avec ce désir, elle peut aller très loin dans le chemin de la vertu ; car pour plaire, il faut mettre les autres en avant, céder souvent la meilleure place, s'effacer, s'oublier. Charlotte, qui est possédée de cette sorte de désir de plaire, est bien sûre d'arriver à ses fins, car les moyens ne lui manqueront jamais, les occasions se présenteront à toute heure. Elle n'a pour cela qu'à consulter nos instincts, nos penchants les plus naturels qui nous portent à préférer la première place à la seconde, le confortable au médiocre, le meilleur au moins bon, et à céder tout cela au prochain au lieu de se l'approprier.

L'autre désir de plaire, celui dont est dévorée Henriette, combien il est dangereux, pernicieux, et arrive à des fins contraires! Elle ne s'aperçoit pas des petites jalousies qu'elle suscite en se mettant en avant, de certains froissements quand elle s'empare de la première place, prend le dé de la conversation, accapare l'attention.

Peut-être plaît-elle par là à quelques-uns; mais elle déplaît sûrement à un plus grand nombre. Aveuglée par ce désir, qui n'est que l'amour d'elle-même, je l'ai déjà dit, je la vois en ce moment faire souffrir une amie, qu'elle aime pourtant, sans même s'en douter. Elle déploie une verve, des talents, un esprit que l'autre n'a pas, et l'écrase ainsi inconsciemment aux yeux de certaines personnes qui, jusque-là, avaient trouvé cette amie suffisamment douée pour l'aider à faire un mariage souhaitable. Henriette, entraînée par son désir de plaire, va peut-être le faire manquer, sans avoir au fond la moindre mauvaise intention, et elle agit ainsi comme une vraie coquette qu'elle n'est pas, comme une abominable égoïste.

Il faut désirer plaire, mais à la manière de Charlotte ; vous serez sûres alors de réussir et d'être trouvées charmantes.

L'exactitude.

Cette qualité, essentielle au bon ordre, au fonctionnement de toutes choses, et particulièrement importante au point de vue de la paix, de l'harmonie d'une famille, rentre essentiellement dans le domaine du savoir-vivre. Louis XIV l'y a rangée lui-même, quand il a dit le mot fameux dont plusieurs d'entre vous, j'en suis sûre, ont été saturées : « L'exactitude est la politesse des rois. »

C'est à votre âge qu'on contracte cette habitude, qui influera plus sérieusement que vous ne le pensez peut-être sur le bonheur de votre vie.

Si vous vous accoutumez, dès maintenant, à n'avoir de temps pour rien, à ne jamais vous presser, à vivre sans regarder l'heure, à ne point tenir compte du temps et des occupations d'autrui, vous ne pourrez que bien difficilement réagir plus tard contre les habitudes de flânerie, d'insouciance, de lenteur et même d'égoïsme.

L'égoïsme! c'est un bien gros mot, et cependant, il entre souvent pour sa part dans l'inexactitude, qui, à votre âge du moins, implique plus ou moins l'oubli des autres.

On peut admettre que dans une vie très occupée, très chargée, consacrée à autrui, et dépendant de plusieurs personnes aussi bien que de divers événements, l'inexactitude soit souvent involontaire et presque inévitable. Mais une jeune fille n'a point d'occupations ni d'imprévus qui puissent excuser un manque ordinaire d'exactitude, et, je vous le répète, vous recueillerez plus tard les fruits de la régularité et de la ponctualité que je vous conseille d'acquérir.

D'abord, pour vous, l'exactitude comporte les plus sérieux avantages. Sans elle, vous n'arriverez pas à caser dans votre journée ce que vous avez résolu de faire. Chacune de vos occupations empiétant sur une autre, tout sera tronqué, sinon omis, et il y aura dans votre vie une note de désordre qui frappera d'imperfection, sinon de stérilité, tout ce que vous voudrez entreprendre.

Ensuite, vous devez l'exactitude à ceux qui vous entourent. Pour vos parents, c'est une affaire de respect; les faire attendre constitue une faute, un manque d'égards, une sorte de dédain de leur temps, plus précieux que le vôtre, cependant, et aussi une preuve d'égoïsme (je répète le mot), tout à fait choquant.

Vis-à-vis de vos frères, de vos sœurs, c'est encore un devoir : un devoir rentrant dans cette politesse du foyer dont j'ai essayé de vous prouver toute l'importance. L'inexactitude est insupportable, vous le savez bien par vous-même ; elle dispose les autres à l'impatience, à l'aigreur ; elle entraîne l'énervement, les reproches, les paroles vives ou piquantes, et c'est ainsi qu'elle glisse dans la famille un germe fâcheux de disputes et de petites rancunes.

Enfin, vous devez l'exactitude aux domestiques et aux ouvrières. Leur temps est précieux aussi. Si vous le leur faites perdre, ils ne pourront peut-être pas reprendre l'ordre voulu et convenu de leur service ou de leur travail.

Soyez esclaves de vos promesses, de vos conventions : une femme polie et bien élevée l'est toujours. Sacrifiez n'importe quoi, interrompez n'importe quelle occupation intéressante pour être fidèle à une chose convenue, pour répondre à un rendez-vous. Dans un autre ordre d'idées, soyez exactes à écrire une lettre qu'on attend, exactes à remplir en son temps un devoir de convenance, exactes, en un mot, quant aux choses, au lieu et à l'heure.

Et vous verrez les résultats de cette salutaire et indispensable habitude : le temps pour ainsi dire multiplié par l'emploi ordonné qu'on en fait, la bonne humeur et la satisfaction de ceux qui vous entourent ; — puis, dans l'avenir, la bonne tenue, l'harmonie et la paix de votre ménage.

Des manies.

Les manies touchent au savoir-vivre en ce qu'elles gênent le prochain, l'irritent, l'impatientent, nous rendent insupportables ou importunes à un moment donné. C'est donc à la fois pour les autres et pour nous qu'il faut s'en défendre.

Il est bien rare de trouver une personne qui n'ait pas sa petite manie ! Mais si nous devons supporter celles des autres, faisons en sorte de leur épargner le supplice qu'ils nous font quelquefois subir.

Ainsi, avez-vous remarqué tout à l'heure, Muguette, cette dame qui n'a cessé pendant toute la durée de sa visite de frotter, de maculer des deux semelles de ses bottines le joli coussin que ma politesse avait avancé sous ses pieds ?

Les regards inquiets que malgré moi, de temps à autre, je laissais glisser de ce côté, ne l'avertissaient pas de ce qu'elle me faisait endurer, et il m'a fallu jusqu'à la fin suivre ce mouvement perpétuel qui s'accélérait ou se modérait selon le plus ou moins d'animation de la conversation. Qu'on ne vienne pas me dire : Innocente manie! Vous ne la trouveriez pas telle si en un quart d'heure elle avait perdu un coussin que vous trouviez le plus joli de votre salon!

Innocente manie aussi, celle de M. X..., qui me gâte tout un concert en fredonnant à mes oreilles l'air qui se joue ou se chante, en battant la mesure sur son chapeau ou le bras de son fauteuil.

N'est-ce pas lui encore qui façonne des boulettes de mie de pain tout le long du repas, gratte la nappe avec la pointe de son couteau?

Une manie dénote toujours chez celui qui en est possédé un manque d'observation, de surveillance; combien de tics, contorsions du visage, mouvements d'épaules, gestes répétés, machinals, qui sont devenus d'insupportables manies parce qu'on ne s'est pas observé à l'origine, qu'on n'a pas tenu compte des observations faites par des maîtres ou des parents!

Il n'est personne qui ne soit obligé de veiller pour éviter une manie, par la raison bien simple que toute habitude, quelle qu'elle soit, poussée à l'excès, dégénère en manie. Voyez l'exactitude, l'ordre, qualités que l'on peut placer au rang des vertus : l'exagération les rendra intolérables. Qui n'a au nombre de ses connaissances une vieille dame (il n'est même pas nécessaire qu'elle soit vieille) ne pouvant supporter un siège déplacé, la trace d'un pas sur le parquet, un objet en dehors de l'alignement qui lui a été assigné, un grain de poussière sur un meuble? Je la vois inquiète, perdant le fil de la conversation si quelqu'un a dérangé pour quelques instants l'ordre établi; et l'amie, le visiteur ne l'ont pas encore quittée qu'elle a le balai ou le plumeau à la main. Du matin au soir, elle est l'esclave de sa manie d'ordre à outrance, et le tyran de ceux qui l'entourent. Elle ferait prendre en grippe la vertu qu'elle veut imposer à tous telle qu'elle la comprend.

L'exactitude, régularité sans laquelle il n'y a pas de vie remplie, féconde, devient, elle aussi, insupportable, lorsqu'elle est poussée à l'excès. Tout y est sacrifié, il n'y a pas de circonstance imprévue, si importante soit-elle, qui la fasse fléchir. Malheur à l'imprudent qui met la main entre les rouages de cette machine, arrête un instant l'aiguille de cette horloge! L'avancer ou la retarder équivaut à une catastrophe.

Il faut avoir des habitudes, de bonnes habitudes, mais savoir s'arrêter à la limite où elles vont devenir manies, et cette limite nous sera généralement tracée par le prochain. Là où nous commençons à le gêner, à le faire souffrir d'une manière ou d'une autre, se trouve le point indiqué. Examinons notre conscience.

La discrétion.

Je vous ai parlé, à propos de la conversation, de la discrétion qu'il faut montrer en toutes choses, non seulement en ne trahissant pas le secret confié, mais encore en ne divulguant pas le secret surpris, en évitant les commérages, les suppositions, les racontars qui peuvent contrarier ceux qui en sont l'objet.

Mais il me semble que ce sujet n'est pas épuisé, et qu'il est bon d'insister encore sur divers côtés d'une qualité qui, absolument nécessaire dans la vie sociale, est cependant si souvent mal comprise et si peu pratiquée.

La discrétion, par exemple, exige qu'on n'use du prochain qu'avec une extrême mesure. Il y a deux sortes de gens : ceux qui font avec empressement des offres de service, et qui trouvent ensuite très mauvais qu'on les accepte, et ceux qui sont vraiment complaisants et généreux, et de qui l'on est trop disposé à abuser. Dans ce dernier cas, on manque soi-même de générosité ; dans le premier, on s'expose à des allusions désagréables, ou même à des reproches formels.

Il faut donc, dès maintenant, vous bien persuader que le temps du prochain, son influence, ses livres, sa musique, sa voiture, sa maison, sont des choses qu'il tient à se réserver, dont il ne fait part que quand il lui plaît, et que, dans tous les cas, nous sommes tenus à respecter scrupuleusement.

C'est un manque de discrétion de prolonger une visite au delà de la mesure chez une personne occupée, un professeur, par exemple, ou une mère de famille très absorbée par ses devoirs de ménage. Votre hôte a beau avoir du plaisir à vous voir, l'heure est là, qui le talonne, et vous abusez de son temps, qui est précieux, en dépassant la limite des loisirs qu'il peut vous consacrer.

C'est un manque de discrétion de garder des livres ou de la musique indéfiniment. Que dire, alors, de ceux qui prêtent sans autorisation ce qui ne leur appartient pas, et comment juger ceux qui ne rendent pas ce qu'ils ont emprunté?

C'est encore manquer de discrétion de demander des services ou des recommandations à des personnes qui sont accablées de demandes, alors que vos relations ne sont pas assez intimes pour vous permettre de les importuner sans une raison sérieuse. Certes, il est légitime de s'adresser aux gens influents; mais encore faut-il qu'on ait un droit moral pour le faire, et que le motif en vaille la peine. En tout cas, il vaut mieux s'adresser alors à un ami de la personne qu'on sollicite.

C'est toujours manquer de discrétion que de s'autoriser d'une invitation ou d'une offre faites dans une circonstance déterminée, pour agir comme si cette offre ou cette invitation étaient permanentes. Ainsi, sous prétexte qu'une amie vous a un jour proposé de la musique, vous n'avez pas le droit d'aller fourrager dans son casier alors qu'elle est absente.

Parlerai-je de ce manque de discrétion qui consiste à aller tout exprès et malicieusement voir une personne un jour où elle a des hôtes et où elle ne vous a pas comprise dans ses invitations? Et cet autre genre d'indiscrétion grave, impardonnable, qui fait qu'on va se jeter au travers d'événements encore secrets, tels qu'une présentation pour un mariage, etc.!...

Et encore l'indiscrétion qui, sous prétexte de sympathie, inspire des compliments prématurés pour une chose dont on n'a point fait part, ou force la porte des personnes affligées pour leur adresser des condoléances qui sont à charge? Celle-ci est inspirée par le désir d'être mêlée à tout, de pouvoir parler de tout avant les autres, par la manie de paraître l'amie intime de tous ceux à qui un événement quelconque prête une notoriété passagère. Quel que soit, en tout cas, son mobile, et ce mobile fût-il une sympathie sincère, l'indiscrétion est toujours importune et blessante.

*
* *

Comme les exemples gravent toujours mieux les choses dans la mémoire, je veux vous raconter comme type d'indiscrétion la très simple aventure arrivée l'autre jour à Mlle C...

Elle prend une voiture à l'heure pour faire une visite dans le faubourg de la ville qu'elle habite, fort loin de chez elle.

— Madame X...?

— Madame est chez elle.

Mlle C... entre au salon, et attend.

Cinq minutes, dix minutes se passent, un quart d'heure... Elle se dispose à demander si Mme X... n'est pas sortie, lorsque celle-ci, qui a cependant vu arriver la voiture, entre tranquillement, presque sans s'excuser d'avoir fait attendre. Au bout d'un quart d'heure, comme Mlle C... se lève, M. X... entre.

— Chère Mademoiselle, trop heureux de vous

voir! Vous allez bien, j'espère,... donner à ma femme quelques minutes de plus, afin que j'aie l'honneur et le très grand plaisir de prendre ma part de votre visite?

Comment refuser? Mlle C... se rassied, se disant *in petto* que M. X... aurait pu se donner un peu plus tôt ce plaisir. Quand on a une voiture à l'heure, on pense généralement que les visites ont une limite.

Elle se lève au bout de quelque temps. Le mari et la femme se regardent, et Mme X... dit, avec un aimable sourire :

— Vous avez une voiture, naturellement? Est-ce que cela vous dérangerait de nous permettre d'en profiter? Nous avons une visite à faire, et quoique nous aimions bien à marcher...

— Certainement, répond avec une amabilité forcée Mlle C... qui calcule que son heure est déjà de beaucoup dépassée.

— Alors, je vais mettre mon chapeau très vite; tâchez que notre amie ne trouve pas le temps long.

Elle trouve le temps long, malgré l'amabilité de M. X..., car la dame ne met pas moins d'une demi-heure à prendre son chapeau, et lorsque, à son entrée, Mlle C... se lève, un peu énervée, c'est le monsieur qui s'écrie dans un sourire :

— A mon tour... cinq minutes... le temps de prendre mon pardessus...

Peut-être le pardessus était-il égaré, peut-être s'agissait-il d'une toilette complète. Un grand quart d'heure s'écoule. Mme X... s'impatiente.

— Vraiment, mon mari abuse !

C'est bien l'avis de Mlle C..., qui répond du bout des lèvres un : Mais non ! peu convaincu.

Enfin, M. X... entre, ganté de frais.

— Mesdames, je suis prêt.

On ouvre la portière.

— Bon ! s'écrie Mme X..., j'ai oublié mon ombrelle, et nous reviendrons à pied... Mon ami, voulez-vous la demander à la femme de chambre ?

L'ombrelle est introuvable. Mme X... est obligée de descendre de voiture, et ne retrouve qu'après un quart d'heure de recherches l'objet, qu'un de ses enfants, doué d'une vocation spéciale pour la cavalerie, avait emporté au fond du potager en guise de cheval.

Lorsque Mlle C... fit arrêter la voiture devant la maison où se rendaient ses amis, elle devait trois heures à son cocher.

Curiosité.

« Je ne suis pas curieuse; seulement, j'aime à savoir. »

Je me suis toujours souvenue de cette réponse que m'avait faite, il y a longtemps, une enfant, charmante jeune fille aujourd'hui, qui aime toujours à savoir, mais qui n'en est pas moins d'une discrétion à toute épreuve, car entre aimer à savoir et être curieux (bien que les deux puissent se donner la main), il y a une nuance sensible.

Aimer à savoir est la pente qui mène à la curiosité. Aimer à savoir n'est pas un mal en soi; être curieux est un horrible défaut.

Il faut donc s'examiner sur ce point afin d'éviter le danger. Pour cela, regardons si ce que nous désirons savoir avec tant d'impatience peut être bon, utile à nous ou aux autres.

Ne cédons-nous pas à cette passion de connaître ce qui nous semble un mystère, ce que l'on veut nous cacher?

Deux personnes causent tout bas entre elles.

Vous étudiez leur physionomie, leurs gestes pour deviner le sujet de leur entretien... On parle du mariage de Mlle une telle, vous n'avez pas de repos avant de savoir quel heureux mortel a fixé son choix... Quelques-uns disent qu'il y a des empêchements? De quelle nature sont-ils? De quel côté viennent-ils?... Vous n'en dormez pas... La toilette de Mme X... a fait sensation. Qu'a-t-elle pu lui coûter? De quelle maison sort-elle? Questions vraiment intéressantes!

Jeanne est sortie de pension trois mois plus tôt qu'elle ne le devait... Il y a là-dessous une raison... Pourquoi Mme B... et Mme Z... qu'on savait toujours ensemble, se voient-elles moins fréquemment?...

Tout cela, curiosité. Il n'y a dans la satisfaction qui serait donnée à cette démangeaison de savoir absolument rien qui puisse servir aux uns ou aux autres. Il faut donc modérer, réprimer le désir de savoir.

A quoi mène la curiosité?

A ouvrir des livres qui ne sont pas faits pour nous; à écouter des conversations qui ne vous regardent pas; elle vous conduit même à des questions indiscrètes, à des regards indiscrets, à une ingérence en mille choses qui ne sont pas de votre domaine.

Il y a des observations qui paraîtront à beaucoup fort extraordinaires, et pourtant je ne parle qu'après expériences, et bien entendu je ne prends mes exemples que dans cette classe de la société qui doit connaître les règles du savoir-vivre.

Que diriez-vous d'une jeune fille de ma connaissance? Elle a quinze ans, c'est encore une gamine, c'est vrai; mais le jour de réception de sa mère, elle va volontiers dans l'antichambre, ouvre les parapluies des visiteurs pour constater leur degré d'usure ou la qualité de la soie, retourne les pardessus des messieurs pour en examiner les doublures, et va jusqu'à plonger la main dans leurs poches. Dirai-je que j'en connais d'autres qui appliquent leur oreille sur la cloison pour entendre ce qui se dit dans l'appartement voisin, et regardent par le trou de la serrure?... Mais, j'en connais une aussi qui a été corrigée pour le reste de ses jours. Elle était venue sur la pointe des pieds pour écouter à la porte; on s'en était douté à l'intérieur; sa mère fait un acte de courage; brusquement elle se lève, ouvre la porte, et découvrant sa fille : « Entre donc, tu entendras mieux, c'est fatigant d'avoir l'oreille à la serrure. »

De plus la curiosité rend insupportable. Une fois qu'un curieux est reconnu comme tel, il est mis en suspicion; on le fuit, on craint de n'être jamais assez à l'abri de ses indiscrétions, on essaie de lui donner le change, de l'égarer dans ses suppositions, afin qu'il ne pénètre pas dans vos affaires malgré vous, et ainsi, lui qui veut tout savoir, est plus sûrement trompé qu'un autre, et c'est bien fait.

Mgr Dupanloup définit la curiosité : « L'ouverture des yeux de l'âme à tout ce qui attire et séduit au dehors, la propension indiscrète sans retenue et sans frein à tout voir, à tout connaître, le mal comme le bien. Être curieux, c'est vouloir tout regarder, tout entendre, tout sentir. »

Vous voyez où cela peut conduire, et quelle mobilité sans bornes, quelle dissipation, la curiosité apporte au caractère et à l'esprit.

« Une âme livrée à la curiosité est comme les flots de la mer, livrée à tous les vents », a dit Fénelon.

Vous qui avez un penchant à ce dangereux défaut, faites donc votre examen de conscience.

Les cadeaux.

« Les petits cadeaux entretiennent l'amitié. »

C'est une chose certaine. Combien de fois, envoyés à propos, choisis avec tact, n'ont-ils pas empêché une rupture, évité un froissement, rétabli un équilibre instable !

Le moyen, je vous le demande, de faire mauvaise figure à une personne qui vous dit clairement, par voie de présent, qu'elle a le désir de vous plaire, de vous être agréable ?

Henriette était quelque peu froissée de ce que Charlotte, qui se dit son amie, ne l'ait pas invitée à un petit thé du soir, et elle se promettait bien de le lui faire sentir à l'occasion ; puis arrive l'anniversaire de sa naissance, et elle reçoit une délicieuse gerbe de fleurs dans une corbeille charmante. Que peut-elle faire, sinon courir chez Charlotte, la remercier de son aimable attention, lui dire en l'embrassant : « Moi qui croyais que tu m'oubliais ! — Vilaine ! répond simplement Charlotte. Comment as-tu pu le croire ? »

En effet, les fleurs sont là, qui protestent et affirment.

Dans la famille, où plus que partout ailleurs on doit entretenir la bonne et franche amitié, les petits cadeaux sont loin d'être inutiles. Les anniversaires, les fètes, tout peut être prétexte, occasion à une amabilité, à une attention délicate. Noël, le jour de l'an, Pâques ont des usages charmants, et j'aime à voir les grandes sœurs s'occuper des plus jeunes, pour préparer des surprises qui ne coûtent pas cher souvent, et ne font pas pour cela moins de plaisir. Il faut si peu de chose pour rendre heureux ! Et c'est là qu'on ne doit pas oublier que : « la manière de donner vaut mieux que ce qu'on donne. » Pour cela, l'étude des goûts d'autrui, l'âge, le caractère, la condition, la fortune doivent être pris en considération. Ce qui convient aux uns tomberait mal chez les autres. On n'offrira pas, dans une maison très modeste, un objet de luxe qui ne saurait trouver sa place au milieu d'un mobilier plus que simple.

Mais quelque peu favorisée de la fortune que soit la personne à laquelle vous voulez offrir un cadeau, vous pouvez toujours y mettre un grand prix ; la question est tout entière dans le choix intelligent du présent, et dans la manière de le faire accepter ; il dépend aussi du genre de relations plus ou moins intimes que l'on peut avoir. Quand on n'est pas à même de connaître exactement les goûts de la personne à laquelle on désire être agréable, on trouve toujours quelque tiers complaisant qui vous renseigne, vous met sur la voie, vous garde d'une maladresse, car rien n'est plus facile que d'être maladroit, même avec le désir d'être agréable, si on n'y met un peu de tact et de réflexion. Je me souviendrai toujours d'un 1er janvier où je reçus trois paires de boucles d'oreille. Je n'en portais pas, parce que je ne les aimais pas ; mais les très aimables personnes qui me les offraient avaient remarqué l'absence de ce bijou, et, sans me demander le pourquoi, me l'offrirent simplement parce que c'était leur goût à elle. Force me fut donc de me faire percer les oreilles, et de porter alternativement, variant ainsi mes déplaisirs, tantôt de grosses améthystes, tantôt d'innocentes perles fines, quand ce n'étaient pas des poires de cristal qui allongeaient indéfiniment mes malheureux cartilages. Enfin, quand je jugeai avoir suffisamment sacrifié à l'amitié, je remis les boucles d'oreille dans leurs écrins respectifs, me réservant de les offrir à des jeunes filles qui auraient des goûts contraires aux miens.

Vous dirai-je aussi que depuis dix ans je reçois infailliblement le 1er janvier une boîte de marrons glacés, sans que celle qui me les offre ait jamais songé à se demander si je les aimais? Il est vrai qu'elle me donne l'occasion d'être agréable à une amie dont c'est le faible; mais le but du présent n'en est pas moins manqué.

En matière de cadeaux, il y a quelques règles générales à observer. A une personne riche, offrez une inutilité, un objet purement de luxe, que ce soit un bronze, une porcelaine rare, ou un simple bouquet de fleurs, peu importe; vos moyens à vous règlent le choix, car offrir un objet qui les dépasserait serait de mauvais goût ou orgueilleux; il gêne la personne qui reçoit, la froisse quelquefois, en lui laissant entendre que vous ne voulez rien lui devoir.

A une personne de position modeste, on offre un objet qui puisse à la fois lui servir et satisfaire une de ses fantaisies. A une personne pauvre, une chose qui lui épargne une dépense. C'est là que le cœur sera le plus sûr et le meilleur conseiller.

Exclusivisme.

Charlotte, vous aviez aujourd'hui une de vos amies, votre préférée, votre élue, et tout disparaissait, vous ne voyiez plus rien; vos sœurs s'occupaient autour de vous à de menus soins qui regardent les jeunes filles, lorsqu'il s'agit de veiller à mille détails que la domestique la plus entendue ne peut prévoir; mais vous, vous restiez en dehors du mouvement, absorbée par une seule.

L'amie de votre mère entra, c'est à peine si vous lui dîtes bonjour; vos autres amies étaient là aussi, vous ne sembliez pas vous douter de leur présence. Plusieurs ont été froissées d'une préférence si nettement marquée; l'une d'elles est venue gentiment s'asseoir à vos côtés, essayant de causer; mais à vos airs distraits, à vos réponses dans la lune, elle a vite compris que sa présence ne causait aucun plaisir, elle s'est éloignée. Vous en êtes-vous seulement aperçue?

Enfin durant cette journée vous n'avez pensé qu'à vous.

Vous vous récriez. Et moi je répète : oui, à vous,

en vous laissant absorber en une seule et par une seule, tandis que dix autres exigeaient le partage, un mot d'amabilité, une attention, un regard, un sourire.

Vous avez été exclusive; c'est là un défaut naturel à votre âge, mais il fait manquer aux règles les plus élémentaires du savoir-vivre; la preuve en est que, ce soir même, une personne faisant partie de votre réunion d'aujourd'hui, froissée d'avoir passé si complétement inaperçue, me disait : « Mlle Charlotte peut être intelligente, mais elle a grand besoin d'apprendre comment on se tient dans le monde; l'amabilité lui fait défaut, etc., etc... » et pour me le prouver (car je vous défendais et il m'était pénible d'entendre ces réflexions), elle relevait tout ce que j'avais trop remarqué moi-même, ajoutant qu'il serait préférable de voir les jeunes filles passer moins brillamment leurs examens supérieurs, et être un peu plus entendues aux devoirs d'une maîtresse de maison...

Ce que le brevet venait faire en cette histoire, je ne le vois pas trop; néanmoins cela m'a prouvé une fois de plus que « noblesse oblige »; si vous êtes supérieure en quelque point, on sera d'autant plus exigeant, demandant qu'en toutes choses vous restiez à une certaine hauteur et soyez égale à vous-même.

Et, pour en venir à une conclusion, je répéterai que là encore, en la circonstance dont nous parlons, le fond vous donnera la forme.

Ce fond sera l'oubli de vous, qui vous permettra de songer aux autres et de donner à chacun ce que chacun est en droit d'exiger d'amabilité, d'attention et de politesse. Vous n'aurez pas d'yeux pour une seule, quand dix autres réclameront un regard ; vous serez à tous en attendant le moment où il vous sera permis d'être exclusive.

Et voyez encore, je ne cesserai de le redire en toute occasion : le fond et la forme sont inséparables ; si le premier vous manque, la seconde, que la bonne éducation force à prendre, vous obligera bon gré mal gré à l'oubli de vous-même, par là au travail de votre perfection.

Ce serait, j'en conviens, de la vertu mécanique et tout extérieure ; mais en élevant vos motifs plus haut, au-dessus du savoir-vivre mondain, vous arriverez à la vraie source d'où découle toute perfection, celle que ni les temps ni les usages ne peuvent détruire.

Engouement.

Charlotte rencontre Louisa dans la rue ; elle va vers elle, la main tendue, tout heureuse de la rencontrer ; hier encore, son amie ne lui disait-elle pas que jamais elle ne la verrait assez? Aujourd'hui, Louisa la regarde à peine, lui touche la main d'un air distrait, indifférent, et la quitte sans exprimer le désir de la revoir. Charlotte revient tout attristée, se demandant en quoi elle a pu mécontenter, froisser son amie. Vainement cherche-t-elle dans sa mémoire : que s'est-il donc passé ?

Charlotte, ne vous creusez pas plus longtemps le cerveau. Louisa n'a rien contre vous ; elle n'a pas plus de raison d'être froide aujourd'hui qu'elle n'en avait d'être chaude hier. Louisa est un être fantasque, voilà tout.

Un jour le bleu lui plaît, le lendemain le rouge a ses préférences. Vous l'avez entendue proclamer bien haut son goût pour tel objet. Désireuse de lui être agréable, vous le lui procurez ; la préférence d'aujourd'hui lui a fait oublier celle d'hier.

S'il en était ainsi pour les choses seulement, passe encore, on lui pardonnerait des caprices qui n'ont pas grande importance ; mais les personnes ne la trouvent ni plus constante, ni plus fidèle. Un engouement succède à l'autre.

Elle s'éprend de Catherine, il n'y a plus que Catherine. N'y touchez pas de près ou de loin : Catherine a toutes les vertus. Catherine est décidément son amie ; tout le monde le croit. Louisa est enfin fixée. Elle ne peut se passer de Catherine, elle la voit trois fois par jour dans l'impossibilité où elle est de la voir six ; elle trompe son impatience par de nombreux messages. Sa femme de chambre ne fait autre chose que porter lettres et billets, et attendre les *réponses pressées*.

Castor et Pollux, David et Jonathas, Oreste et Pylade ; le monde sacré et le monde profane n'ont pas vu plus étroite amitié.

Attendez !...

Pauline passe.

Qu'a-t-elle donc de si empoignant, de si captivant, Pauline? Qu'a-t-elle qui puisse en un instant détrôner Catherine? Ou bien quelle découverte Louisa a-t-elle fait en cette dernière ? Catherine s'est-elle rendue coupable de quelque noire trahison ?

Catherine n'existe plus. Quelques jours ont suffi

pour mener le deuil de cette amitié. Pauline l'a remplacée, et la femme de chambre apprend le chemin d'une autre maison ; les messages et les fleurs ont changé d'adresse.

Encore une fois, que s'est-il passé ?

Rien !... Louisa est sujette aux engouements.

En quoi cela regarde-t-il le savoir-vivre ?

N'avons-nous pas dit qu'il consiste à ne pas blesser, froisser le prochain, à le respecter dans ses sentiments ? Et pensez-vous que Catherine n'ait pas le droit de se plaindre d'être ainsi mise de côté, sans avoir rien fait pour mériter ce traitement ? Elle avait cru à l'affection de Louisa, elle a souffert cruellement de son abandon, et sa mère, justement froissée, a cessé toute relation avec la famille de la fantasque jeune fille ; il y a eu des mots pénibles échangés, la brouille est complète.

Si après quelques expériences Louisa ne se corrige pas, c'est elle qui sera mise de côté ; sa réputation de capricieuse et d'inconstante sera bientôt établie. On la laissera avant qu'elle ait le temps de laisser les autres.

Pour éviter l'engouement, étudiez la personne avec laquelle vous avez le désir de vous lier.

Ne vous avancez pas avant d'être bien sûre que vous ne serez pas obligée de vous retirer ; pour cela, rendez-vous compte de son caractère, de ses qualités, de ses défauts aussi. A l'égard de ceux-ci, dites-vous bien que nul n'est parfait ; mais c'est le propre des natures disposées à l'engouement, de ne voir d'abord que les qualités qui leur plaisent, et de s'aveugler sur tout le reste. Puis, un jour vient où une circonstance découvre ce que le temps n'avait pas permis de laisser voir. La déception s'ensuit... Vous savez le reste.

Veillez donc à ne point avoir ce que dans le langage trop familier on appelle des « toquades ». Beaucoup de jeunes filles y sont sujettes. Il faut laisser cela aux fous.

Empressement.

Vous connaissez toutes la fable de la mouche et du coche, de cet insecte importun, qui va, vient, fait mille tours, se pose sur le nez du cocher, pique les chevaux, bourdonne aux oreilles des voyageurs... et croit qu'il fait aller la machine.

C'est l'histoire des empressées, des affairées qui s'agitent, se remuent, comme si les choses de l'État reposaient sur leur tête. Elles font beaucoup de bruit, mais peu de besogne en général.

En se dépensant ainsi à droite, à gauche, tournant et retournant tout autour d'elles, elles cèdent à un besoin d'activité mal réglé, ou à leur vanité, croyant que rien ne marchera si elles ne sont pas là pour diriger, commander, prêter leur concours.

Il faut se défier des gens qui font tant de bruit, leur bien montrer que leur rôle n'est pas ce qu'ils croient, qu'on ne fait bien que ce que l'on fait sans cet empressement naturel, si fatigant pour ceux qui nous entourent.

Je le sais, il y a des jeunes filles qui ont des

occupations réelles, une vie très remplie, des heures où tant de choses doivent entrer qu'il faut réellement s'ingénier pour arriver à tout, et ne pas perdre un seul instant.

Eh bien! même alors, surtout alors, dirai-je, évitez l'empressement, car vous arriverez à ce surmenage néfaste qui est un des plus grands maux de l'éducation d'aujourd'hui, à ce qu'on appelle la *vie débordée,* d'où naissent tant de névroses, la perte de tout équilibre. Oh! l'équilibre! quelle belle chose! qu'elle devient rare!

Vous qui n'avez qu'une somme ordinaire d'occupations, ne vous les exagérez pas; vous qui en avez de multiples, donnez à chacune le temps qui lui revient, vous défendant de songer, autant que faire se peut, à celle qui va suivre. Prenez pour maxime : « Fais ce que tu fais. » Bien appliquée, elle vous donnera la possession de vous-même.

Dans les relations familiales et amicales, rien n'est ennuyeux comme d'avoir affaire à des personnes que l'on trouve toujours pressées, qui ne vous écoutent que d'une oreille, l'air distrait, ou ne vous parlent que de ce qu'elles ont à faire, devraient faire ou avoir fait. Avec elles, on est comme en *passant,* on ne se sent pas *assis.* Cela tue toute intimité, tout agrément. Ce qu'on avait à dire, on l'oublie; la crainte d'être importun vous saisit, et c'est fini, il n'y a plus qu'à s'en aller.

Si vous n'avez qu'un quart d'heure à donner, donnez-le tranquillement, comme si le temps n'était pas limité par les aiguilles de votre montre.

Je connais une femme plus surchargée d'affaires et d'occupations que vous n'aurez jamais, que les devoirs variés et multiples assiègent. Elle fait face à tous et ne semble jamais pressée. On la trouve toujours tellement toute à chacun, qu'on ne peut se douter de ses propres soucis : on croirait qu'elle n'en a d'autre que de vous bien recevoir et d'être aimable. C'est un grand talent.

Cette femme est oublieuse d'elle-même ; elle se possède. Le fond lui donne la forme.

Taquinerie.

Vous êtes bien gentille, Zabeth, mais vous êtes horriblement taquine, prenant plaisir à l'agacement des autres, et vous déclarant satisfaite seulement lorsque vous leur avez fait perdre patience. Alors vous triomphez... Il n'y a vraiment pas de quoi, et je pourrais dire le vers célèbre : « A vaincre sans péril, on triomphe sans gloire », car ceux que vous taquinez sont en général plus faibles que vous ; s'ils ripostaient et se montraient d'égale force, vous hésiteriez. C'est donc un peu lâche.

Je vous observe avec vos jeunes sœurs et vos amies ; vous feignez de comprendre ce qu'elles ne disent pas, donnez à leurs paroles un sens différent de celui qu'elles y mettent ; six fois de suite vous éteignez la bougie de votre sœur, enlevez la clef de sa chambre, cachez les ciseaux qu'elle cherche, et lorsqu'elle les a trouvés, c'est son aiguille que vous faites disparaître, son dé ou son fil qu'elle ne trouve plus. Elle le prend d'abord en riant, mais ce n'est pas ce que vous voulez. Pour être contente, il faut que vous fassiez sortir de ses gonds celle que vous taquinez, que vous poussiez sa patience jusqu'à ses limites extrêmes.

Elle s'en va pleurant ou fâchée... c'est fini, votre but est rempli.

Je ne sais vraiment d'où vient ce penchant à la taquinerie, de quel coin de la nature humaine naît ce plaisir qui consiste à irriter les autres.

Cela m'amuse! me répondez-vous, Zabeth, quand je vous fais à ce sujet quelques observations. Et c'est précisément cela qui m'étonne, car votre cœur est excellent, généreux, même, et cela vous amuse d'ennuyer les autres? Cela lui fait le caractère, me dites-vous encore... Ah! vraiment! le croyez-vous? Ce serait une erreur; la taquinerie au degré où vous la poussez le déforme bien plutôt qu'il ne le forme... Ne soyez donc pas si soigneuse de la perfection des autres; pensez à la vôtre d'abord... et vous serez moins taquine.

Je ne veux point vous défendre la plaisanterie, mais elle doit s'arrêter là où elle cesse d'être inoffensive pour celui qui en est l'objet. La mesure sera dans le plaisir qu'il y trouve, et son déplaisir en fixera les bornes.

Timidité. — Fausse modestie.

Vous êtes timide, et me dites que c'est pour vous un affreux supplice d'entrer dans un salon, dans un magasin, même; et si dans la rue vous voyez de loin une personne que vous connaissez, vous rebroussez chemin pour n'avoir pas à la saluer. La pensée d'élever la voix devant quelqu'un ne faisant pas partie de votre cercle intime, de demander de ses nouvelles à une amie de votre mère, suffit à vous enlever tous vos moyens : vous devenez gauche, gênée dans vos moindres mouvements, et la crainte que vous avez de rougir vous fait devenir comme une pivoine. Oui, la timidité, au point où vous l'avez, est une véritable souffrance.

Eh! bien, il faut la vaincre, et pour cela faire appel à toute votre bonne volonté. La chose en vaut la peine, car la timidité n'est pas seulement un défaut de la jeunesse, elle persiste souvent avec l'âge, et devient la cause de beaucoup d'inconvénients.

On s'arrêtera devant une démarche à faire ; on ne rendra pas tel service, parce qu'il faudrait s'adresser à telle personne, et qu'une invincible timidité sera là pour compliquer les choses les plus simples ; on reculera quand il faudrait avancer ; on se taira lorsqu'il faudrait parler, etc., etc.

Mais aujourd'hui, il s'agit surtout de la gêne, de la contrainte perpétuelle que vous impose votre timidité, de l'aisance qu'elle vous enlève, de la paralysie de vos facultés. Je vous ai vue balbutier, torturant l'objet que vous aviez à la main, disant oui, quand il eût fallu dire non ; non, quand il fallait dire oui ; Monsieur pour Madame ; Madame pour Monsieur ; vous me faisiez réellement pitié.

Chez vous, cette excessive timidité vient peut-être d'une excessive défiance, et cette défiance exagérée est un défaut, comme tout ce qui sort de la vérité. Vous êtes intelligente, et vous êtes toute prête à vous croire sotte ; jolie, et vous vous dites laide... Pourquoi ne pas voir ce qui est, se l'avouer franchement ? Vous n'êtes pour rien dans les dons que vous avez reçus : bénissez-en Dieu, et tâchez de vous en servir le mieux possible tout en restant modeste.

Commencez donc par vous raisonner sur ce point, vous disant que vous entrez dans une bonne moyenne, ni plus sotte, ni plus mal que le commun des mortels. On ne vous demande d'ailleurs que d'être bonne, aimable, et la pire des choses serait d'être gauche ou très ordinaire.

Eh! bien, acceptez cette extrémité, vous n'en mourrez pas, et jetez-vous tète baissée dans la mêlée, c'est-à-dire saisissez toutes les occasions de causer, de saluer, de sourire; traversez le salon, parlez à Madame une telle, qui vous intimide plus particulièrement ; entrez dans les magasins quand ce ne serait que pour demander un objet qui n'y est peut-être pas ; recherchez, en un mot, tout ce que naturellement vous êtes portée à fuir. Lorsque vous aurez fait cet exercice pendant six mois, vous serez bien près d'être guérie de votre timidité.

Mais elle tient peut-être aussi à une autre cause : l'amour-propre. Il est rare qu'il ne s'en glisse pas de plus ou moins conscient dans la timidité. Vous craignez de ne point paraître à votre avantage, de ne pas vous exprimer assez bien, et, préoccupée de ces pensées, vous perdez toute simplicité, toute aisance.

Ce qu'il faut alors attaquer, c'est votre amour-propre lui-même et vous dire ensuite, pour toujours rester dans la vérité, qu'on ne fera pas attention à vous autant que vous le supposez. On n'a aucune raison de vous remarquer; on n'épluchera point vos paroles : on n'y attache pas l'importance que vous y attachez...

Allez-y donc avec plus de simplicité, et tâchez de vous oublier, de vous perdre de vue. Ah ! que cela donne de l'aisance de ne pas songer à soi ! On entre ainsi de plain-pied dans la ravissante simplicité qui fait aller vers les choses et les gens, sans chercher midi à quatorze heures. Laissant de côté les petites combinaisons, l'esprit est délivré de mille inquiétudes mesquines qui encombrent l'imagination de tant de femmes.

Oui, se perdre de vue ! Quel bon débarras ! Que tout est simplifié quand on en arrive là. On a de l'aisance, on se montre ce que l'on est, on se meut, on va, on vient, on parle simplement sans fausse modestie.

La fausse modestie ! Oh ! gardez-vous-en. Pour ma part, je l'ai en horreur, comme tout ce qui est faux et veut prendre un air de vertu.

Sentez-vous ce que cela crie, ce que cela jure : fausse modestie ! Quand je la rencontre, je ne puis m'empêcher de lui infliger ce qu'elle mérite, et de telle manière qu'avec moi, du moins, elle ne se hasarde plus jamais. Et mon moyen est bien simple : je prends au mot les gens qui en font..., je les crois. Ainsi cette jeune fille me disant avec la conviction contraire et l'espérance que je vais me récrier : « Je sais bien que je ne suis pas jolie, que...

— C'est vrai, lui répondis-je, mais vous passez inaperçue, c'est encore très heureux. Il y en a tant d'autres... »

Si vous aviez vu sa figure changer d'expression, et combien il était facile de mesurer son degré de sincérité lorsqu'elle déclarait n'être pas jolie! Et dans la suite de la conversation, ce qu'elle fit pour ramener mon opinion, me faisant entendre délicatement celle de tant d'autres qui n'était pas conforme à la mienne! Vous pensez bien que je n'eus pas l'air d'entendre.

Même jeu pour une personne qui me parle de son intelligence, de ses facultés, de ses talents, les rabaissant pour que je les exalte. Je m'en garde! et me contente d'avoir l'air de penser comme elle, de la consoler de ce qu'elle dit hypocritement, en lui accordant une autre qualité à laquelle elle ne tient pas...

Vous imaginez son désappointement! Et ce que cela m'amuse, moi, de sentir les sottises qu'elle aimerait à jeter à la tête de cette imbécile qui la croit sur parole, au lieu de protester devant une supériorité de talent que tant d'autres reconnaissent!

Quand elles me quittent, ces personnes à fausse

modestie, elles ne sont contentes ni d'elles, ni de moi ; mais si cela peut les corriger, je me console de l'envie de me mordre ou de m'égratigner qu'elles dissimulent dans le sourire de l'adieu, et je me retire en murmurant :

Le vrai, le seul vrai est aimable.

L'excès de... franchise.

La franchise! C'est une belle et bonne chose, et j'aime à penser que vous la possédez toutes. Quel dommage qu'on se serve d'une qualité si louable pour couvrir un défaut! Car, il faut bien le dire, ce qu'on nomme communément un excès de franchise mérite très souvent d'autres noms moins flatteurs, ainsi que vous allez en convenir tout à l'heure.

Lina est grincheuse; elle possède l'esprit de critique développé à un degré... fâcheux. Son frère, qui a une manière typique de s'exprimer, déclare qu'elle voit partout *la petite bête*, c'est-à-dire le défaut, le point faible, la tare, l'imperfection. Ce serait fort bien s'il ne s'agissait que de ce qu'on a à réformer. Si Lina, en dessinant, s'apercevait que son point de vue est faux, ou sa couleur défectueuse, si, en chantant, elle constatait les notes qu'elle donne à côté, si, enfin, elle reconnaissait dans ses paroles le ton acerbe ou piquant qui les rend trop souvent désagréables, et si, en critiquant tout cela, elle s'appliquait à l'améliorer, on ne pourrait que louer la pénétration avec laquelle elle met le doigt sur la plaie. Mais, ne vous y trompez pas : Lina préfère de beaucoup exercer cette faculté si parfaitement développée sur ce qui regarde les autres. Elle les enveloppe d'un coup d'œil : c'est tout un inventaire; elle a vu qu'un très joli chapeau a là, à droite, un nœud qui dépare l'ensemble; elle a découvert que cette manche a un défaut, que cette jupe est mal montée. Elle a son goût à elle, en outre ; il peut se discuter, mais elle le juge supérieur au goût d'autrui, ou plutôt, elle pense qu'autrui manque de goût, et que ce qui ne lui plaît pas ne devrait plaire à personne.

Telle est Lina. Et comme elle se pique de franchise, elle dit tout ce qu'elle pense. Eh! oui, que voulez-vous? La *franchise* la possède, la talonne, la déborde ; elle ne peut rien cacher, même ce qui est désagréable, et elle donne à ceux qui l'entourent l'impression de vivre dans ce palais de la vérité où l'on disait et entendait, malgré soi, le fond de sa pensée et de celle des autres. Le conte ajoute que presque tout le monde demandait à en sortir.

Je ne voudrais pas approfondir les motifs de Lina. Les gens sévères l'accusent injustement, je le sais, d'être jalouse; d'autres disent qu'elle est souvent aigrie, et que ses accès de franchise sont des accès d'humeur retombant sur qui se trouve à portée de sa langue. Elle soutient, elle, qu'elle n'obéit qu'au besoin de dire la vérité.

On pourrait répondre par le proverbe qui assure que « toute vérité n'est pas bonne à dire ». A quoi sert, en effet, de révéler à Louise que son chapeau n'est pas seyant ? Elle ne peut en acheter un autre, et va se trouver dégoûtée du sien pour toute une saison. Pourquoi raconter à Marguerite qu'on a mal parlé d'elle, et à Pauline qu'on critique sa manière de jouer du piano ? Je ne vois qu'un résultat à cet excès de franchise : c'est de faire de la peine ou de mortifier.

Et même, à tout prendre, l'opinion de Lina est-elle la vérité ? Après tout, les goûts se disputent ; il s'agirait de savoir si c'est Louise qui a mal choisi son chapeau, ou si c'est Lina qui se trompe en le critiquant ; si c'est Pauline qui joue mal du piano, ou ses détracteurs qui ne s'y connaissent pas.

Ajoutez que le travers que je décris en a un autre pour frère jumeau : c'est de rapporter tout à soi, et de prétendre faire loi en toutes choses, depuis l'heure que marque une montre prétendue infaillible, jusqu'aux appréciations les plus étendues, les plus diverses.

S'il ne suffit pas, pour se corriger de ce défaut, de se dire qu'il froisse, peine et blesse le prochain, sachez qu'il est absolument contraire au savoir-vivre, à la politesse, à la bonne éducation, qui, tout comme la charité et la bienveillance, imposent les égards, les ménagements, la modestie, et défendent strictement la brusquerie, la contradiction, les démentis, les assertions cassantes. Les personnes qui ne corrigent pas en elles ce défaut se font en général prendre en grippe par ceux qui les entourent. Quand elles parlent, on a l'impression d'être froissé et meurtri, et l'on arrive à les fuir, à moins que, poussé à bout, on ne leur rende la pareille, ce qui établit des rapports dont je vous laisse à juger l'aménité !

Une leçon de grammaire.

Syntaxe des pronoms je, moi, tu, toi.

Moi, je me promènerai, *toi, tu* resteras à la maison.

Moi, je, la répétition du pronom première personne, est un pléonasme autorisé par la grammaire; il donne, comme on sait, plus de force à la pensée, accentue le rôle de la personne qui parle, la met en lumière, la fait valoir d'une manière avantageuse quelconque. Cette répétition est si naturelle, qu'il est inutile d'en recommander l'emploi aux élèves; bien mieux, le maître devra les mettre en garde contre la fréquence de cette répétition si souvent vicieuse, non d'un vice de forme, mais de fond, fond originel remontant à nos premiers parents. *Moi, je*, c'est la personnalité tendant à s'imposer, à dominer. Cette redondance, remarquez-le bien, a lieu quand il s'agit d'une qualité à faire valoir, qualité vraie ou supposée telle.

Ex. : *Moi, je* dis avant tout la vérité ; *moi, j'*ai la peau fine, le teint frais.

La même répétition se fait encore généralement et naturellement pour affirmer la propriété ou la tendance à l'esprit de propriété.

Ex. : *Moi, je* possède plusieurs fermes ; *moi, je* jouis de cinquante mille francs de rente ; *moi, je* choisis d'abord ce qui me convient ; *moi, je* garde, *moi, je* prends, etc., etc.

Je s'emploie seul dans un cas d'infériorité notoire.

Ex. : *J'*ai moins de fraîcheur ; *je* suis sans fortune.

Pour un aveu forcé, la confession d'une faute, alors le *je* est coulé entre les dents, meurt sur les lèvres, quand il n'expire pas dans la gorge. Ex. : *J'*ai menti ; *je* me suis trompée ; *j'*ai eu tort. Encore dans ces cas le pronom première personne est-il le plus souvent esquivé, remplacé par une périphrase. La périphrase lui vient en aide avec toutes les richesses dont elle dispose ; l'imagination est là pour l'alimenter, et le pronom indéfini *on,* plus discret, joue le rôle du pronom *je,* ainsi que le pronom *il,* employé à l'impersonnel.

Ex. : *Il,* est si difficile de dire la vérité en certains cas ; *on* n'est pas impeccable, tant de choses servent à vous abuser, etc., etc.

Toi, tu. La répétition des pronoms seconde personne a pour but aussi d'accentuer, de mettre en valeur le rôle de la personne à qui l'on parle, mais dans le sens inverse usité pour la première; il s'emploie dans les cas défavorables. Ex. : *Toi, tu* t'emportes facilement; *toi, tu* as déjà les cheveux gris. Les propositions sous-entendues sont le plus souvent celles-ci : *moi, je* me possède; *moi, j'*ai les cheveux encore noirs.

Le pronom deuxième personne s'emploie généralement seul pour la louange, la constatation d'une supériorité et on le *coule* d'autant plus que la première personne est dépourvue des qualités louées et reconnues dans la seconde. Ex. : *Tu* es patiente, *tu* as montré un grand courage, *tu* as une robe de bon goût, une voix fraîche, etc., etc.

Très rarement la répétition des pronoms seconde personne se fait en pareil cas; cependant, quand la personne qui parle aime le prochain comme elle-même, volontiers elle se sert du sujet redondant. Ex. : *Toi, tu* mérites une récompense; *toi, tu* es charmante, de quelque manière que tu sois.

On ne saurait ici trop engager les élèves, et même ceux qui ont achevé leurs études, à prendre parti contre la règle générale pour se mettre du côté de l'exception, en supprimant le plus souvent la répétition de la première personne. Réagir contre l'usage sera une tentative généreuse.

Il serait aisé de suivre l'histoire du *moi, je,* à travers les âges ; elle remonte à l'origine du monde : « *Moi, je* veux être aussi savante que Dieu », a dit Ève en cueillant le fruit de l'arbre de la science du bien et du mal. Et elle accomplit la désobéissance qui voue sa postérité à la mort. — « *Moi, je* veux être le premier devant l'Éternel, et *toi, tu* me gênes », prononça Caïn. Et la terre, vierge encore de crime, but le sang d'Abel.

Et l'histoire du *moi, je,* ainsi commencée, se poursuit de siècle en siècle, de peuple en peuple, chez les plus barbares comme chez les plus civilisés, toujours semblable à elle-même sous des formes différentes, selon les époques et les tempéraments. C'est la lutte éternelle entre le *je* et le *tu,* le premier voulant effacer le second, le réduire pour le mieux dominer ; luttes sanglantes, criminelles, fratricides quand elles s'exercent sur les grands théâtres où les premières places de l'État et les trônes sont en jeu ; luttes acharnées, honteuses, terribles parfois sur des scènes plus restreintes et plus humbles ; lutte toujours et partout jusque dans le cercle si intime de la famille, parce que toujours et partout où se rencontrent deux hommes, les mêmes passions sont en jeu.

Le *je, moi,* c'est l'égoïsme, la vanité, l'orgueil; le *toi, tu,* c'est le rival qui doit céder, la seconde personne qu'il faut tenir à sa place sous peine de voir pâlir la première.

A elles deux, elles composent chaque jour bien des tragédies, des comédies et des farces, où l'on pleure, où l'on rit et s'égratigne à qui mieux mieux. Il faudrait de gros livres pour raconter tout cela, et chacun pourrait, en regardant autour de soi, en composer une scène, un chapitre qui ne manquerait pas d'intérêt.

Mais pour en revenir à un conseil en apparence tout grammatical, je recommanderai aux jeunes filles de se surveiller pour la répétition des pronoms de la première personne; et l'attention, une fois attirée sur ce point, amènera tout doucement à se mettre en garde contre l'égoïsme et l'orgueil qui en provoquent inconsciemment l'abondance. Car vous comprenez bien toutes que ce n'est pas à la répétition elle-même que j'en veux; je ne m'attaque à cette forme qu'en tant qu'elle est une conséquence du fond, de ce *moi haïssable* dont parle Pascal. Peu m'importe, après tout, que vous employiez *moi, je,* si vous êtes pleine d'oubli de vous-même, d'abnégation; je ne songe à vous le reprocher que lorsque j'y vois la tendance de l'odieux égoïsme, de la personnalité; alors je bondis et pars en guerre contre le *je,* demandant l'extermination du *moi,* son écrasement; je le hais parce que son amour atrophie tout ce qu'il y a de grand, de généreux, de beau; parce que l'agrandissement, l'extension du *moi,* c'est l'étouffement du cœur, et que le cœur, c'est la vie.

Poussez donc le cri de guerre contre l'égoïsme, et ne désarmez que lorsque vous le verrez expirant, vaincu.

Complaisance.

Mélite est laide, sans grâces naturelles; je ne lui connais point de talents, son intelligence ne dépasse pas la moyenne, on ne dit rien de son esprit, on ne parle pas de son savoir, et cependant, dans sa famille, elle est la plus aimée, celle dont on se passe le moins, qui manque le plus. Elle s'en va : sa place reste vide; personne ne la remplit, ne la remplace. A toute minute son absence se fait sentir.

Ses amies, et je lui en connais beaucoup, ne parlent jamais d'elle qu'avec la plus tendre affection; aucune ne s'est encore avisée de la trouver laide et dépourvue de ce qu'elle n'a pas.

Mélite fait oublier tout ce qui lui manque : Mélite est complaisante.

Complaisante! Avez-vous bien pensé à ce que veut dire ce mot? Complaire... plaire à ceux qui sont autour de vous... Mélite semble n'avoir pas d'autre désir; elle s'emploie toute et toujours à l'agrément d'autrui, et cela avec tant de naturel, de bonne volonté d'être agréable, que l'on se demande si ce n'est pas elle qui est l'obligée.

Oh! c'est charmant! Oublie-t-on son dé, son aiguille? Mélite en a d'autres à votre disposition. — Un courant d'air s'établit : on n'a pas le temps d'en souffrir, Mélite s'est levée, a fermé la porte ou la fenêtre. Avant toute autre, elle s'aperçoit que sa grand'mère n'a pas de tabouret sous les pieds, de coussin pour s'appuyer, que ses lunettes lui manquent, que sa pelote de laine a roulé sous sa chaise, que sa mère est plus fatiguée; alors elle lui prodigue les plus menues attentions, lui évite les moindres peines.

Dans une promenade, elle s'offre à porter le sac, le panier, à retourner en arrière si quelque chose a été oublié ou perdu. On lui confie maints petits secrets et maints ennuis, sachant son empressement à rendre service, à intervenir, à atténuer les torts, à adoucir une rancune.

On compte sur elle en mille circonstances; le désir qu'on lui sait d'être agréable à tous la rend ingénieuse, et plus intelligente que les plus intelligentes, lorsqu'il s'agit du plaisir d'autrui.

Mélite a la clairvoyance du cœur, et à cause de cela, elle possède ce qu'il y a de meilleur, de plus indispensable dans la science du savoir-vivre.

Pour y être parfaite, il lui suffira d'en étudier

les règles extérieures, les variations que la mode apporte, car possédant le fond qui ne change pas, la forme lui en sera bien vite familière.

Le fond, ici, c'est l'abnégation, l'oubli de soi, l'absence de tout égoïsme, car l'égoïsme est le plus aveuglant des amours, celui qui rapetisse tous les autres, tue le grand, le seul vrai.

Le respect humain.

Ce n'est pas seulement d'un mauvais fond d'avoir du respect humain, c'est déplorable au point de vue de la forme.

Le respect humain n'est point rare dans la jeunesse, et une certaine timidité mal placée lui apporte trop souvent un appoint fâcheux.

On éprouve un besoin exagéré de dire, de penser, d'agir comme le plus grand nombre. Or, le plus grand nombre n'est pas l'élite, et n'agit, ni ne pense, ni ne parle toujours bien. On tient trop à l'opinion de ce grand nombre, et pour éviter d'être blâmée, critiquée, raillée, on commet de petites lâchetés qui, peu à peu, rabaissent et dépriment le caractère.

C'est le respect humain qui inspire la honte odieuse d'avouer une amie sans fortune, ou la sotte vexation de se montrer avec une personne mal habillée; c'est lui qui attache une importance exagérée aux défauts extérieurs, aux imperfections apparentes de ceux qui nous touchent de près.

C'est lui qui arrête une démarche inspirée d'abord par la bonté, la reconnaissance ou la compassion. C'est encore lui qui non seulement empêche de prendre la défense de l'absent, mais qui fait faire chorus pour le blâmer et l'accabler, ne pensât-on pas un mot de ce que l'on dit ainsi par faiblesse ou par lâcheté.

C'est lui, en un mot, qui nous fait honte de nos meilleures impressions, de nos plus chères affections, souvent même de nos principes les plus sacrés, et nous fait renier nos propres qualités et nos vertus, nos parents et nos amis, nos sentiments religieux eux-mêmes, et jusqu'aux pratiques et aux habitudes qui nous étaient le plus sacrées.

Est-ce *savoir vivre* que de sacrifier ainsi le meilleur fond de nous-même à un blâme problématique, ou à une moquerie venant souvent de gens que nous n'estimons guère? Est-ce remplir nos obligations envers les autres, que d'être prêtes à les abandonner ou à les trahir sous la première influence qui passe?

Le respect humain est contraire au respect, — au respect d'autrui et au respect de soi-même. Il est donc essentiel de s'habituer à n'y pas céder, à le considérer comme honteux, je dirai même comme vulgaire au-delà de toute expression.

Une autre forme du respect humain.

Il y a une autre nuance du respect humain, assez particulière à certaines jeunes filles, qui consiste à se montrer sous un jour faux, à avoir honte de ce qu'on fait de bien, et à se vanter des défauts qu'on n'a pas.

Henriette X... a « ce travers », qui peut paraître étrange, mais qui est plus répandu qu'on ne le croirait.

Elle est, je vous l'assure, très sérieuse au fond. Elle seconde sa mère, et au besoin la remplace dans les soins du ménage; elle sait fort bien coudre, elle chiffonne facilement un chapeau, taille une robe, et, dans un autre ordre de travaux, elle est capable de diriger la cuisinière, de contrôler les dépenses du marché, aussi bien que de confectionner un plat sucré, ou une gelée de viande pour un malade.

Mais, je ne sais pourquoi, elle s'est imaginé que ce sont là des qualités par trop prosaïques, peu distinguées, pas du tout en rapport avec le type idéal qu'elle s'est formé d'une jeune fille de son âge. En conséquence, elle en a honte, elle les cache soigneusement, et la personne qui révélerait un beau jour qu'elle sait raccommoder ou qu'elle fait à merveille les confitures, lui infligerait une mortification plus grande que celle qu'elle éprouverait à s'entendre accuser d'un défaut. Aussi feint-elle l'ignorance absolue de tout ce qui concerne le ménage. Quant à avouer qu'elle fait ses robes, elle ne s'y résoudrait jamais. Je l'ai entendue se moquer agréablement des femmes qui se gâtent le teint en suivant au-dessus d'un fourneau la cuisson d'un gâteau ou d'une crême, et traiter d'abruties celles qui reprisent leurs bas ; pour peu, elle demanderait si un bouton se colle, et elle éprouverait un orgueil d'ailleurs fort mal placé si elle osait dire, comme une autre jeune fille de ma connaissance, qu'il n'y a qu'une aiguille dans la maison qu'elle habite, et que c'est la femme de chambre qui la possède.

Elle se fait naturellement mal juger, car on la croit en général sur parole ; elle inspire une pitié dédaigneuse aux personnes sérieuses, et elle risque fort de manquer un établissement convenable, les mères de famille qui l'entendent jugeant qu'une jeune fille de fortune médiocre, qui pose pour ne cultiver que des occupations poétiques, n'est pas un parti sérieux pour leurs fils.

Ce genre de respect humain, outre qu'il est faux, blâmable, et même dangereux au point de vue de la réputation d'une jeune fille, est une infraction au savoir-vivre, qui interdit de mépriser ce qui est respectable, et de heurter l'opinion des gens sensés.

Ne vous vantez pas de vos vertus et de vos qualités, c'est contraire à la bonne éducation; mais ne vous targuez pas non plus, ce qui lui est encore plus opposé, des défauts que vous n'avez pas, et des travers que vous avez su éviter.

Les lettres.

C'est là un chapitre très important du savoir-vivre. On juge volontiers une femme d'après sa correspondance, et l'on n'a pas tout à fait tort, selon le mot célèbre de Buffon : « Le style, c'est l'homme. »

Le style, en effet, résulte d'un ensemble de qualités ou de défauts, et son cachet spécial reflète assez exactement, d'ordinaire, la physionomie de celui ou de celle qui écrit.

Je n'ai pas à vous faire ici un cours de littérature, ni à vous décrire tout ce qui rend le style clair, élégant, agréable, spirituel. Un tel style n'est évidemment acquis que par la lecture, d'abord, puis par l'exercice, et encore suppose-t-il des qualités *naturelles*. Mais si le savoir-vivre, qui nous occupe, n'exige point qu'une femme écrive d'une manière transcendante, il veut que chacune de ses lettres soit convenable, appropriée à la personne à qui elle s'adresse et à l'objet dont elle traite, clairement conçue et simplement écrite. Cela, tout le monde peut le réaliser avec du soin et de l'attention.

Dans la correspondance, comme dans la conversation, et comme, d'ailleurs, dans toutes les circonstances de la vie, quelles qu'elles puissent être, l'oubli de soi joue un rôle des plus utiles. Supprimant les prétentions, l'affectation, le sot et ennuyeux désir de briller, il ne tient compte que de la personne à qui l'on écrit, et de la manière dont on lui doit de s'exprimer. Cela n'empêche pas l'élégance, si l'on en peut mettre, ni l'esprit, si l'on en possède : au contraire, le souci d'autrui comporte autant qu'on le peut l'agrément du style ; mais du moins évitera-t-on la boursouflure, les phrases inutiles, l'abus des choses personnelles.

Le grand charme du style, comme le dernier mot du savoir-vivre, est le naturel et la simplicité. Je ne sais plus quel auteur disait mélancoliquement qu'on n'apprécie la simplicité qu'à cinquante ans. Pour moi, je l'ai aimée bien avant d'approcher de cet âge, et je voudrais, Mesdemoiselles, que vous comprissiez, dès maintenant, de combien elle dépasse l'afféterie, la recherche, la prétention, qui ne sont que des formes de personnalité. Avec de la clarté et du naturel, le style peut se passer d'éclat, de saillies et de pointes. C'est râce à la simplicité qu'il retrace véritablement le caractère et la physionomie de la personne qui écrit, et qu'il réalise l'adage du vieux Buffon.

Une lettre, en outre, doit refléter les sentiments qu'on éprouve pour ses correspondants. Il s'y trouvera forcément les mêmes nuances que dans la conversation : le respect envers les personnes âgées, la cordialité, la politesse, plus ou moins nuancées, avec les égaux, la politesse toujours, et la bienveillance vis-à-vis des inférieurs.

Les jeunes filles sont souvent embarrassées en ce qui regarde les formules terminant les lettres. Ainsi que je le disais ailleurs, elles ne doivent pas craindre d'abuser du mot *respect*. Dès qu'une différence d'âge est suffisamment accentuée, elles doivent l'employer en finissant :

« Veuillez, Madame, agréer l'expression de mes sentiments respectueux », ou « très respectueux», pour une personne plus ou moins âgée.

« Veuillez agréer l'expression de mon respectueux dévouement », ou « de ma respectueuse sympathie », pour une personne plus jeune.

Si la différence d'âge rend le respect exagéré, sans toutefois permettre l'égalité, on emploiera le mot dévouement :

« Veuillez agréer » ou « être assurée de mon entier dévouement », ou « de mon bien affectueux dévouement ».

S'il s'agit de jeunes filles, on emploiera d'autres formules, naturellement : « la vive sympathie » — « les meilleurs sentiments » — « les sentiments bien dévoués ».

S'il s'agit d'inférieurs, il faut évidemment tenir compte du genre de rapports qu'on a avec eux. Une jeune fille écrivant à la vieille bonne qui a élevé sa mère ou elle-même, peut lui envoyer un bon baiser cordial, ou l'assurer de ses sentiments affectueux. On ne manque point à la dignité du rang en assurant des domestiques de confiance de ses meilleurs sentiments. Comme il y a, dans les lettres aux inférieurs, des difficultés qui embarrassent la plupart des jeunes filles, nous en donnons ici quelques modèles qui peuvent être utiles, à condition qu'on sache les modifier selon les personnes et les circonstances.

A une femme de chambre qui est depuis longtemps dans la maison :

« Ma chère X..., maman me charge de vous annoncer notre retour pour le 6. Elle compte sur vous pour que tout soit prêt et satisfaisant comme à l'ordinaire, et se joint à moi pour vous dire bien des choses aimables. »

A une domestique vis-à-vis de laquelle on a plus de motifs de réserve :

« Prière à X... de vouloir bien faire expédier à

Z... tel objet oublié, qui se trouve dans tel endroit. Merci d'avance. »

A un fournisseur :

« Mlle N... prie Monsieur B... d'avoir l'obligeance de lui envoyer, le plus tôt possible, à telle adresse, tant de paires de gants, de tel numéro et de telles nuances.

« Elle le remercie d'avance, et lui adresse l'expression de sa parfaite considération. »

A une couturière qu'on connaît depuis très longtemps :

« Ma bonne Mme D.... Vous seriez bien aimable de m'envoyer, le plus tôt que vous pourrez, la jaquette que vous m'avez promise. Je ne doute pas qu'elle n'aille très bien et ne soit très jolie.

« Croyez, chère Madame D..., à ma meilleure considération. »

A une pauvre femme ayant réclamé des secours :

« Je vous plains bien, ma bonne X..., d'être encore si éprouvée. Ma mère me charge de vous adresser un petit secours; puisse-t-il adoucir un peu vos misères. Je suis heureuse de vous le transmettre, et vous demande vos prières, que le bon Dieu doit écouter sûrement, puisque ce sont ceux qu'il aime, qu'il afflige ici-bas. Croyez à toute ma sympathie. »

En un mot, lorsqu'il s'agit des inférieurs, ne craignez pas d'être trop bonnes, trop polies. Cela compensera les affronts et les blessures qu'ils reçoivent d'autre part.

Lorsqu'il s'agit de personnes titrées, on ne leur donne pas leur titre en leur écrivant, pas plus que dans la conversation : les inférieurs seuls disent : M. le Comte, Mme la Marquise. Le titre figure seulement sur l'enveloppe : Madame la Baronne de X..., ou, ce qui est plus moderne : Baronne de X...

*
* *

La mode intervient dans l'aspect extérieur des lettres, et il y a là, comme en toutes choses, des usages à consulter. Mais il faut se garder de la fantaisie exagérée qu'elle autorise, et maintenir les principes généraux qui restent inséparables de la bonne éducation, parce qu'ils ont pour base, d'une part, le respect et le souci d'autrui, de l'autre, la simplicité de bon goût qui fait craindre à une femme d'attirer l'attention.

C'est dans ce dernier but qu'on évitera les papiers de format extraordinaire et de couleur trop vive, les devises sur l'extérieur de l'enveloppe, en un mot, tout ce qui accuse une originalité trop marquée. Je dois dire que cette originalité est plus permise aux très jeunes filles ; on ne blâmera pas de leur part l'emploi de certains papiers ayant plus de *cachet* que celui de leur mère. Mais la distinction reste surtout acquise aux nuances sobres comme le crème, le bleuté, le gris et le mauve pâle, et aux chiffres discrets, dont on peut se borner à faire timbrer le papier, sans en marquer l'enveloppe.

La politesse envers autrui exige que l'écriture soit lisible et propre. Une femme comme il faut ne supporte pas qu'une lettre sortie de ses mains soit tachée d'encre, et offre l'aspect irrégulier de lignes dirigées dans tous les sens ; mais elle est trop souvent moins scrupuleuse pour l'écriture, et se contente de lui donner un aspect régulier et ordonné, sans s'inquiéter si elle est ou non indéchiffrable.

Le mode préconise tour à tour tel ou tel genre d'écriture que beaucoup de jeunes filles se croient obligées d'adopter sous peine de lèse-manières. C'est tout à fait inutile. Il n'y a aucun mal, d'ailleurs, à adopter l'écriture à la mode du jour ; mais peut-être y a-t-il du temps véritablement perdu et un peu de frivolité à s'exercer laborieusement à perdre l'écriture acquise pour se conformer à quelque chose de tout à fait superficiel. Donc, gardez si vous voulez votre écriture, pourvu qu'elle soit lisible et propre.

La mode a supprimé les marges un peu exagérées d'autrefois, et les subtilités qui attachaient un respect plus ou moins bien exprimé à la distance d'un en-tête placé plus ou moins bas. Cependant, on ne commence pas une lettre tout à fait au haut de la feuille de papier, sauf, bien entendu, pour la correspondance intime, et on laisse un semblant de marge quand on écrit à des personnes étrangères, auxquelles on doit des égards.

Une lettre doit être datée en haut de la feuille ; ce n'est que lorsqu'on écrit un billet qu'on écrit la date après la signature. On doit avoir soin de donner son adresse, très lisible, pour éviter à ses correspondants des recherches toujours fastidieuses.

Lorsqu'on parle de quelqu'un dans une lettre, on peut mettre en abrégé les mots M., Mme ou Mlle, *à la condition qu'il ne s'agisse pas de personnes touchant de très près celle à qui l'on écrit.* Ainsi, on dira : « J'ai rencontré hier Mlle X..., qui m'a donné de bonnes nouvelles de *Madame* votre mère. » C'est là une règle de bonne éducation, une petite marque d'égards, qui est très souvent ignorée.

De même, si vous écrivez à la troisième personne, vous pouvez, en parlant de vous, mettre le mot Mlle en abrégé. Mais vous devez écrire en toutes lettres l'appellation de M., Mme ou Mlle, se rapportant à la personne à qui vous écrivez.

« Mlle X... prie Madame Z... de vouloir bien, etc. »

L'usage des post-scriptum est suranné s'il est volontaire. On doit autant que possible se rappeler tout ce qu'on a à dire avant de terminer sa lettre. A moins qu'il ne s'agisse d'amies intimes, on ne doit pas écrire en travers des pages : c'est une véritable épreuve pour des yeux qui ne sont plus jeunes, et cela constitue un laisser-aller trop marqué pour des étrangers ; il vaut mieux, si un feuillet ne suffit pas, en ajouter un second. En ce cas, même si une page suffit, on laisse le feuillet entier, à moins, bien entendu qu'il ne s'agisse d'une correspondance intime ; il ne faut pas avoir l'air de prétendre épargner une page blanche.

L'usage des parafes est suranné. Les signatures compliquées ne sont plus de mode. Une jeune fille peut signer son nom de baptême ou mettre simplement son initiale devant son nom de famille, tandis que les dames trouvent un peu enfantin de signer leur prénom tout entier. Mais il faut recommander aux jeunes filles, qui signent volontiers leur prénom, de ne pas oublier le nom de famille, à moins qu'il ne s'agisse d'amies ou de parents ne pouvant se méprendre sur leur écriture.

On revient beaucoup au cachet de cire, dont les enveloppes gommées avaient fait perdre l'habitude. Inutile de dire qu'il n'est pas de bon goût d'employer de la cire de couleur excentrique.

Encore par égard pour ses correspondants, il faut éviter de parfumer trop violemment son papier. Il n'est certes pas de mauvais goût de glisser un sachet dans sa boîte, mais ce doit être un parfum extrêmement léger et discret, tel que la violette ou l'iris, et jamais une de ces odeurs qui peuvent causer de la répugnance par leur exagération ou leur essence, comme le musc ou le patchouli, et en particulier le musc, qui est un parfum des plus mal portés, et causant à certaines personnes un véritable malaise.

Le timbre-poste doit être collé à droite de l'enveloppe, et régulièrement, non seulement par égard pour les gens qui attribuent à un manque de respect l'apparence désordonnée d'une lettre, mais encore pour faciliter le travail des employés de la poste, et leur éviter la peine, lorsqu'ils timbrent les enveloppes, d'avoir à les retourner en tous sens.

L'adresse sera naturellement lisible, portera les indications requises, et offrira cet aspect de propreté qui doit caractériser tout ce qui sort de vos mains.

Il n'est plus de mode d'écrire deux fois le mot *Madame* ou *Monsieur*. On commence à écrire l'adresse à peu près au milieu de l'enveloppe.

Ces détails, qui semblent puérils, ont presque tous leur raison d'être, et caractérisent une jeune fille comme il faut.

La correspondance.

Je vous ai parlé des lettres; il est bon de dire un mot de ceux à qui vous les adressez.

Parmi vos correspondants, il y a d'abord votre famille, les parents auxquels vous devez écrire à certaines dates.

C'est un devoir strict, en effet, d'observer ces usages qui vous semblent parfois ennuyeux, mais qui sont l'expression du respect, de la reconnaissance, et qui entretiennent dans les familles les relations cordiales.

Parmi ceux auxquels vous adressez, à époques fixes, des vœux de fête ou de nouvel an, n'oubliez pas les personnes à qui vous devez de la gratitude, comme les maîtresses qui vous ont rendu les plus grands services en développant votre cœur et votre esprit.

Prenez l'habitude ne ne jamais remettre une lettre, — soit qu'elle ait pour objet de marquer une de ces époques dont je parlais, soit qu'elle sollicite un service pour vous ou pour autrui, soit qu'elle doive contenir un remerciement.

Un proverbe prétend que ce qui est différé n'est pas perdu. Ce proverbe-là a tort le plus souvent. Il arrive en effet à tout le monde de ne jamais réaliser un projet qu'on a remis; et en reportant indéfiniment sa correspondance, on se fait à soi-même un tort réel, car on passe pour négligente, oublieuse, insouciante ou ingrate.

En ce qui regarde vos amies, choisissez soigneusement vos correspondantes. N'entretenez jamais de commerce de lettres que votre mère n'ait sanctionné. Une correspondance suivie avec une amie intelligente est une chose agréable, et peut être profitable au double point de vue des idées et du style. Mais il faut être prudente, ne donner sa confiance qu'à quiconque la mérite, ne pas perdre un temps considérable et des rames de papier dans l'échange à la fois niais et volumineux de commérages délayés dans des phrases prétentieuses.

Toute correspondance doit passer sous les yeux de vos mères. Il leur appartient de lire ou de ne pas lire vos lettres, selon la connaissance plus ou moins approfondie qu'elles ont de vos amies. Mais défiez-vous d'une jeune fille qui vous demanderait de garder ses lettres secrètes : n'y eût-il là qu'un manque de savoir-vivre, il ne faut jamais faire de pareilles promesses ; encore une fois, une fille bien élevée n'écrit et ne reçoit rien que sa mère ne puisse voir et approuver.

La susceptibilité.

C'est un des défauts qui dénote le plus sûrement une éducation imparfaite.

Il est inutile de vous définir la susceptibilité. Qu'elle dérive de l'orgueil et de la vanité, ou d'une sensibilité excessive, qu'elle ait des causes légitimes ou s'appuie sur des raisons imaginaires, elle est un défaut, — un défaut pénible et dangereux dans la famille, insupportable dans la société, et à ce titre, elle est proscrite par le savoir-vivre.

Souvenez-vous de la définition de la politesse : ce qui est dû à chacun, c'est-à-dire le respect envers les supérieurs, la cordialité vis-à-vis des égaux, la bienveillance pour les inférieurs. Cette triple forme de la politesse, qui est aussi, et même avant, la triple forme de la charité, nous enseigne à réprimer nos exigences, à ne pas interpréter sévèrement la manière d'être d'autrui envers nous, et à ne pas relever des manques d'égards ou des procédés quelque peu froissants.

Surtout, si vous êtes portées à ce défaut, souvenez-vous que sa note caractéristique est de voir justement une offense là où il n'y en a pas, et d'exagérer les omissions involontaires ou les impolitesses infiniment petites. Défiez-vous donc de cette tendance, dangereuse, je le répète, pour l'harmonie et la paix du foyer domestique, et également contraire à l'ordre et à l'agrément de toutes relations sociales.

Une femme très bien élevée n'est jamais susceptible, ou si elle ressent certaines sensibilités, elle s'attache à les dominer et à en supprimer l'expression, afin de ne pas mettre de froideur ou de gêne dans les rapports de famille, d'amitié ou de société.

La guerre au passé.

On accuse, et non toujours sans raison, les gens qui vieillissent d'être un peu grincheux, et de critiquer amèrement le présent au profit de leurs souvenirs et du passé.

La génération nouvelle leur rend, en tout cas, la pareille; elle a déclaré la guerre au passé, la guerre la plus terrible, la plus blessante : elle s'en moque.

Faites votre examen de conscience, Mesdemoiselles. Mais reconnaissez aussi que le passé se venge... en redevenant le présent, et en vous imposant souvent ce qui avait le plus excité vos rires.

Madeleine, une petite amie à moi, avait prodigué sa verve à propos du portrait de ma grand'-mère : manches à gigot, jupe plate sur les hanches et s'évasant, chignon proéminent, et touffes de cheveux couvrant les oreilles.

Était-ce assez absurde d'avoir dans chaque manche l'étoffe d'un jupon! Et cette robe étriquée! Et ce chignon menaçant le ciel, dont on ferait une si drôle d'ombre chinoise! Et ces cheveux crêpés, frisés, emmêlés, cachant une oreille peut-être très jolie, et vieillissant outrageusement un jeune visage!

L'été dernier, Madeleine entre dans ma chambre, ôte son chapeau, jette un regard de complaisance sur sa toilette, et prétend me la faire admirer.

— Est-ce bien coupé, cette jupe! Voyez, pas un pli! Et ces manches! C'était drôle d'abord, mais on s'y habitue; comment pourrait-on porter des manches plates! Avec ceci, tout le monde a la taille fine... par opposition... Et comment trouvez-vous ma coiffure? C'est la dernière mode... Un peu chaud sur les oreilles... Croiriez-vous que mon frère, avec son abominable manie de parler argot, donne un nom ridicule à cette coiffure qui est cependant si seyante... Il l'appelle : *coiffure ventre affamé,* parce que, dit-il, ventre affamé n'a pas d'oreilles! Est-ce assez vulgaire!

Je regarde Madeleine, je retiens un sourire, et je la pousse doucement devant le portrait de ma grand'mère. Elle est descendue de son cadre... Mêmes manches ballons, même jupe tendue, même chignon menaçant, mêmes touffes de cheveux ébouriffés.

— Oui, c'est singulier, tout revient à la mode, dit Madeleine, rêveuse.

Et, oubliant ses railleries de l'an dernier, elle dit d'un ton rêveur :

— C'est joli, cela, du moins. Mais nous avons maintenant trop bon goût pour revenir jamais aux chignons bas, aux jupes à volants et à la crinoline.

Petite Madeleine, il ne faut jurer de rien. Il ne faut pas, surtout, critiquer de parti pris *tout* ce qui se faisait autrefois.

Oh! je vous abandonne ce qui était vraiment laid, sot ou ridicule. Chaque époque a eu ses travers, et vos petits-enfants sauront, croyez-le, rire à leur tour de la nôtre. Mais tout ce qui se faisait jadis n'est pas forcément à blâmer ou à jeter dans l'oubli, de même que beaucoup des choses de notre temps méritent de nous survivre. Ce qu'il faut éviter, ce n'est pas, encore une fois, de sourire d'un usage suranné sans raison d'être, d'une mode anti-artistique, d'un art sans grandeur et sans inspiration ; c'est de condamner en bloc toute une période pendant laquelle il y a eu des choses dignes de l'admiration de personnes aussi intelligentes que vous, des choses qu'une aberration du goût moderne, ne vous en déplaise, a pu seule mettre en oubli. Ce qu'il faut éviter, c'est de prétendre qu'avant vous il n'y avait ni art, ni goût, ni beauté, — que vos mères et vos aïeules ont vécu dans une erreur universelle en admirant ce qui composait l'atmosphère d'alors.

Que vos oreilles, par exemple, accoutumées à l'orchestration bruyante et à l'harmonie compliquée et savante de la musique moderne, trouvent maigres et naïves les mélodies d'autrefois, ou vieillottes les œuvres gaies et faciles qu'on pouvait comprendre et entendre avec plaisir à la première audition, sans avoir fait d'études préalables, je n'y contredis pas. Mais ce que vous devez admettre, si vous ne le comprenez pas à votre tour, c'est que jadis des gens doués du sens musical, délicats et artistes à leur manière, jouissaient de ces mélodies et de ces ouvrages, au moins autant que vous de vos œuvres modernes. Ils croyaient alors que l'art véritable participe plus de l'inspiration que de la science, et ils font à la musique moderne le reproche de manquer d'inspiration. Je ne décide pas ; ne décidez pas non plus, ou du moins gardez vos préférences ; mais admettez celles des autres ; croyez que dans le passé on a aussi goûté la musique, et dites-vous que, dans l'avenir, on dédaignera peut-être nos compositeurs d'aujourd'hui.

Enfin, ce qu'il faut éviter, c'est de peiner ou de froisser ceux qui ont vécu dans ce passé dédaigné, moqué, conspué, qui garde leurs beaux souvenirs, les traces de leur radieuse jeunesse, et dont ils identifient la forme surannée avec leurs plus chères réminiscences de bonheur.

Madeleine, vous serez vieille un jour. Pensez-y quelquefois, afin de *savoir vivre* avec les gens âgés, même s'ils ne veulent pas rendre justice au présent.

Contradiction ou combativité.

J'ai une petite amie qu'un mauvais génie semble avoir douée de l'esprit de contradiction.

Elle est ainsi faite qu'il suffit qu'on dise blanc pour qu'elle réponde noir. Même ce qu'elle aime, elle le refuse si on le lui propose, et elle renie son idée de la veille par la simple raison que quelqu'un se met d'accord avec elle. Je me suis amusée à lui faire émettre en une demi-heure les théories les plus opposées. Elle oubliait ce qu'elle avait dit l'instant d'avant pour le plaisir de combattre ce qu'on lui concédait.

Vous avez évidemment rencontré de ces types-là, et vous avez pu constater qu'ils sont insupportables. A ne les considérer qu'au point de vue du savoir-vivre, la contradiction, quand elle n'est pas fondée sur des motifs légitimes, est absolument contraire à la politesse.

Quels peuvent être ces cas légitimes? Des

faits sérieux avancés à tort, et portant sur des choses graves, telles que la réputation d'autrui, par exemple. Alors on peut, on doit contredire, en gardant toujours la mesure et la politesse dans la forme. Il ne faut jamais supposer une méchante intention chez celui qui parle; qu'il agisse par légèreté ou par erreur, vous pouvez le détromper ou le réfuter sans le blesser. Mais s'il s'agit de choses sans importance, la bonne éducation apprend à garder le silence, à ne pas infliger la mortification d'un démenti.

D'ailleurs, les gens qui ont l'esprit de contradiction partent en guerre sans raison, puisqu'ils en arrivent à se combattre eux-mêmes. Ils ne sont point poussés par le scrupule de la véracité, mais plutôt par le besoin de discussion ou de dispute. Ils ne contredisent pas seulement les faits, ils se battent contre les idées, les sympathies, les goûts d'autrui. Quel que soit le sujet de la conversation, ils y trouvent un motif de lutte à outrance.

Prenez garde, Mesdemoiselles, au terrible développement que les années, les fatigues et les déboires de la vie peuvent apporter à ce défaut. Supprimez-le tandis qu'il n'est chez vous qu'un caprice, une lubie, une bizarrerie. Entre autres conséquences fâcheuses, il ferait l'isolement autour de vous, et en outre, il vous ôterait tout crédit dans votre entourage, car on vous refuserait toute idée personnelle autre que celle de combattre les idées d'autrui.

Les lectures.

Ce livre embrasse le savoir-vivre dans le fond comme dans la forme, ainsi que l'indique son titre. Je ne pense donc pas sortir de notre cadre en vous disant un mot des lectures.

Une jeune fille bien élevée a, à ce sujet, deux devoirs à observer, l'un négatif, l'autre positif. Le devoir négatif est bien simple et se résume en un mot : ne rien lire sans la permission de sa mère, ou d'une personne de confiance à qui elle ait transmis son autorité en pareille matière. Il est inutile de développer ce thème ; le respect, la sagesse, l'obéissance, la bonne éducation, tout concourt à faire garder cette règle absolue.

L'autre devoir consiste à choisir ses lectures parmi celles qu'on vous permet, de manière à faire une part plus considérable à celles qui peuvent vous perfectionner, au double point de vue moral et intellectuel.

Si vous voulez devenir des femmes distinguées, lisez des livres sérieux et utiles. On en prend vite le goût, et l'on est étonné, au bout de peu de temps, de constater ce qu'on a gagné à cette habitude.

Et pour qu'elle porte tout son fruit, ne vous bornez pas à lire : prenez des notes, des extraits, faites des analyses. Ce sera un exercice excellent au double point de vue de vos idées, qui se coordonneront ainsi plus aisément, de votre instruction et du développement de votre jugement. Enfin, votre style y gagnera de la souplesse ; vous y puiserez même une plus grande facilité à exprimer vos pensées, et plus tard, vous trouverez un plaisir très vif à retrouver la trace de vos lectures et de vos impressions.

Le tact.

On peut dire que c'est le dernier mot du savoir-vivre, sa quintessence, ou son couronnement.

Le tact, mot qui signifie *toucher,* est bien, en effet, une sorte de toucher moral, dont la délicatesse est le résultat de diverses qualités également morales.

On dit d'un médecin ou d'une garde-malade qu'il a, ou qu'elle a la main légère, le toucher délicat. C'est un précieux don pour quiconque doit panser une plaie, soigner un membre malade ; que de souffrances il épargne au patient, et que d'appréhensions il supprime, alors qu'une main lourde et maladroite heurte, froisse, déchire ou envenime !

Ainsi au moral. Les êtres humains sont délicats à manier ; tous, vous pouvez en être assurées, ont un ou plusieurs points sensibles, défauts et souffrances, qu'il ne faut ni heurter ni envenimer. C'est là que le tact est précieux, qu'il évite un mal réel et produit souvent un bien non moins évident.

*
* *

Parlons d'abord des souffrances.

Chacun en a sa part; vous le saurez un jour, si vous n'en avez déjà fait l'expérience, on ne vit pas longtemps sans connaître la douleur. Mais à votre âge, il se peut qu'on l'ignore, et il arrive d'ailleurs que ceux mêmes qui ont souffert ne savent comprendre que le genre d'épreuves qu'ils ont eu à subir, et ne savent pas, en outre, faire la part des effets différents de la souffrance sur des natures et des caractères divers. Et cependant, il faut tant de précaution pour approcher de la douleur! C'est une plaie morale; l'air et un brusque contact l'irritent, comme un remède mal compris l'enflamme. Au moral, l'atmosphère mauvaise est le manque de sympathie vraie; le brusque toucher, c'est une parole ou dure, ou trop empressée, maladroite, en tout cas, qui, tombant à faux, blesse ou contracte le cœur. Le remède mal compris, c'est le genre de consolation qui ne s'accorde pas avec le genre de souffrance, ou avec la nature de la personne qui souffre.

Enfin, il y a souvent, plus souvent que vous ne vous l'imaginez maintenant, des peines cachées qui sont peut-être les plus douloureuses, de même que les blessures les plus graves sont celles qui saignent en dedans. Si vous touchez imprudemment à ces souffrances secrètes, vous causez un mal dont vous ne pouvez connaître l'étendue, ou vous mettez à jour un mal que la lumière accroît, et qui, une fois connu, ne pourra peut-être plus guérir.

***

S'agit-il de défauts? Alors le manque de tact ne produit pas seulement une aggravation de souffrance : il peut causer un tort réel, et envenimer un mal moral qu'on a prétendu guérir. Un défaut révélé n'est pas un défaut corrigé. Il ne faut pas blesser ceux à qui l'on veut faire du bien; il ne faut pas surtout, lorsqu'il s'agit des misères et des faiblesses d'autrui, se laisser guider par un sentiment de malice, par le désir de montrer sa clairvoyance, par le plaisir d'une riposte vive ou spirituelle.

***

Enfin, ce n'est pas tout. Le manque de tact est particulièrement déplorable dans les conversations, les racontars, les rapports faits à telles ou telles personnes, les remarques lancées sans réflexion, etc... Vous l'avez évidemment constaté plus d'une fois. Si jeunes, si peu expérimentées que vous soyez, vous avez souvent pensé qu'une parole innocente en soi, dite sans malice, mais maladroite pour des raisons que vous n'avez pas toujours pu apprécier, vous avez pensé, dis-je, que cette parole n'eût pas dû être prononcée, ou adressée à celui ou à celle qui s'en est choquée ou qui l'a prise en mauvaise part.

Le tact consiste donc à parler et à agir selon les circonstances et selon les personnes, à éviter non seulement toute méchanceté, mais toute maladresse, à ménager les gens et les choses, à préserver de tout contact désagréable ou regrettable tout ce qui est sensible parmi les êtres, tout ce qui est respectable dans l'ordre des idées.

J'ai dit qu'il est la quintessence du savoir-vivre : cela s'explique et se comprend de soi-même. Mais comment se fait-il alors qu'un si petit nombre de personnes le possèdent et le pratiquent, parmi le très grand nombre de ceux qui se disent bien élevés, qui ont reçu une éducation soignée, qui ont fréquenté la bonne société et qui sont au courant des usages du monde ?

L'explication en est très simple ; c'est que le tact, comme je l'écrivais tout à l'heure, n'est pas seulement une chose de convention, s'apprenant au contact du monde ou dans des manuels de politesse : il est le résultat d'un ensemble de qualités morales très élevées. Il exige de la pénétration, d'abord, pour lire en autrui et porter une sorte de diagnostic moral; de la bonté, pour se garder de dire ou de faire rien de ce qui peut blesser ou amener des résultats fâcheux; de la possession de soi-même, pour ne laisser échapper aucune boutade dangereuse ou froissante, aucune confidence, aucune parole qu'on puisse regretter, enfin, de la discrétion, ce qui s'explique naturellement, l'indiscrétion étant toujours maladroite.

A tout prendre, une personne sans culture et sans usage, mais possédant les vertus et les qualités que je viens d'énumérer, serait certainement un modèle de tact. L'usage du monde pourra en donner une teinture, mais n'empêchera pas, si l'on n'est mû que par lui, de faire de fréquentes et grossières fautes, de commettre des erreurs sans remède.

Ainsi, Mesdemoiselles, pour posséder dans son entier cette qualité, qui est la plus agréable et la plus nécessaire dans les rapports sociaux, il faut perfectionner votre être moral, et *vous oublier* pour acquérir la science et le souci du cœur des autres.

Règlement.

La vie d'Henriette, c'est le règne de la fantaisie. Voyez plutôt : aujourd'hui elle se lève avec l'aube, au premier coq chantant. Elle a tant de choses à faire ! Et de bonne humeur elle va, vient, range sa chambre et ses armoires ; c'est une crise d'ordre qui lui prend ; les coins et les recoins seront visités, fouillés, époussetés, tout y passe, et la plus grande partie de la journée aussi. Le soir, le dîner n'est pas achevé qu'elle tombe de sommeil.

Tant d'activité déployée ! ce n'est pas étonnant. Elle se retire donc au moment où la famille est réunie, où l'on pourrait jouir tranquillement les uns des autres.

Sa mère le lui objecte, mais Henriette dort debout. Elle n'a qu'à dire bonsoir. Arrivée dans sa chambre, mille et un petits soins la sollicitent ; elle flâne entre l'un et l'autre, puis un livre lui tombe sous la main, elle le prend, l'ouvre... l'intérêt chasse le sommeil... Quoi ! est-ce possible ? Il est tout près de minuit ! Henriette ferme son livre, se jette à genoux, fait une courte prière et se couche enfin.

Le lendemain matin, tous les réveils peuvent bien sonner, les coucous ouvrir et fermer la fenêtre de leur châlet suisse en égrenant l'heure, Henriette dort... Elle s'éveille tard, très tard; le rendez-vous donné à une amie est manqué, elle a tout juste le temps d'arriver à sa leçon de piano, mais non celui d'achever un travail qu'elle s'était juré de faire. Toute la journée se passe à essayer de rattraper le temps perdu; mais le proverbe a raison : « il ne se rattrape jamais », et Henriette en est quelque peu de mauvaise humeur et irritable ; elle s'en prend aux gens de ce que les choses n'ont pas marché.

La vie d'Henriette est livrée à la fantaisie et pèche par la base; il est impossible que les devoirs les plus sérieux ne s'en ressentent pas, ne soient pas livrés à l'imprévu, qui surgit d'un moment à l'autre; s'ils n'ont une heure fixée d'avance, les uns forcément sont laissés de côté, les autres remis, remplis précipitamment : on a donné à celui-ci le temps qui revenait à celui-là.

En toute chose, c'est l'à peu près, le décousu ; le bien faire n'existe pas, la perfection ne vient que par hasard.

Henriette, si vous êtes appelée à devenir maîtresse de maison, mère de famille, vous ne sauriez croire quel désordre, quelles fautes graves peuvent résulter de l'absence d'ordre dans la vie.

Le règlement est un point capital.

Je ne lui demande pas cette exactitude méticuleuse qui dégénère si facilement en manie, et rend insupportables les personnes qui sont atteintes de la maladie de l'heure. Si quelques minutes dépassent celle qu'elles se sont fixé, on les voit inquiètes, agitées, de mauvaise humeur. Je ne veux pas vous astreindre à suivre avec tant de rigueur un règlement que vous ne puissiez retrancher à certain jour tel ou tel devoir, remplacer celui-ci par celui-là. Non. Bien entendu, intelligemment compris, il permettra de donner à chacun ce qu'il est en droit d'attendre, à chaque chose sa place; il laissera celle des devoirs de famille, des relations sociales, du travail et du repos. Seul le temps réglé fait la vie féconde.

Demandez-le plutôt à ceux qui arrivent à tout, trouvent du temps pour tout.

Ils ont une vie réglée.

Tracez donc les grandes lignes de votre journée, et ne les rompez pas sans motifs. Que votre lever ait une heure fixe, et à moins de raisons de santé, de veilles forcées, demeurez-y fidèle. Ces premières heures de la journée sont les meilleures, celles qu'il faut donner aux menus soins du ménage si votre mère vous y associe, à l'étude, quelle qu'elle soit, aux arts d'agrément.

Réservez-vous, pendant cette partie de la journée où l'on est réellement « chez soi », une demi-heure de lecture sérieuse. Ce seul temps, si vous ne pouvez en consacrer davantage, suffira à vous tenir l'esprit ouvert aux choses intellectuelles, au courant des questions, des événements du jour, en tant qu'ils sont la littérature, l'histoire, tout ce qui peut intéresser une jeune fille sérieuse.

Donnez le commencement de l'après-midi au travail manuel, qui doit tenir dans la vie d'une femme une place prépondérante. On ne la lui fait pas assez large aujourd'hui. C'est un grand tort. Il faut qu'une femme sache tenir l'aiguille, la tirer pour elle ou pour les autres; c'est son outil, elle doit l'employer à des choses de goût, d'utilité et de charité.

Le règlement observé, c'est généralement la bonne humeur qui s'ensuit : rien n'influe sur le caractère comme l'ordre; l'ordre dans la vie, c'est le savoir-vivre lui-même pris dans son sens large, comme le désordre en est tout le contraire.

Je n'ai pas douté que dans votre règlement vous n'ayez fait d'abord la part de Dieu, celle de votre âme, ce qui est tout un.

Pour finir, un conseil général : commencez par la chose qui vous coûte le plus. S'il faut y venir, pourquoi ne pas s'en débarrasser le plus tôt possible ? Elle pèse d'autant plus qu'on la retarde davantage, et elle prend des proportions exagérées de tout l'ennui qu'elle nous cause. Le moment vient où il faut agir ; alors, acculée, de mauvaise humeur, on s'exécute enfin, et l'on fait infiniment moins bien que si l'on avait pris le moment voulu pour la chose. Le règlement touche au savoir-vivre extérieur en ce que, influant sur notre humeur comme nous l'avons vu, il nous rend plus aimable dans la famille, plus agréable pour ceux qui nous approchent, et, pliant notre caractère à une règle, il nous apprend à être plus maîtresses de nous-mêmes, il nous donne la mesure. Il nous perfectionne, en un mot, dans le fond et dans la forme.

QUATRIÈME PARTIE

QUATRIÈME PARTIE

Maîtresses de maison.

Il nous a semblé que ce volume ne serait pas complet s'il ne comprenait quelques avis pratiques, à l'usage des jeunes filles qui, n'ayant point de mère, sont obligées de tenir un ménage. Même en supposant, ce qui est plus que probable, qu'elles aient des parentes ou des amies expérimentées à qui elles recourent ordinairement dans leurs petits embarras, il peut survenir telle circonstance où l'on n'a point le temps ni la possibilité de demander conseil, et il est bon, il est nécessaire que de jeunes maîtresses de maison soient au courant des usages et des convenances. Je dirai même qu'il y aurait plus d'inconvénients pour elles que pour d'autres à y contrevenir. Donc, en plus des avis généraux contenus dans ce livre, les jeunes filles que des circonstances toujours douloureuses auront placées à la tête d'un ménage, trouveront ici quelques chapitres, écrits spécialement en vue de résoudre leurs petites difficultés.

Sorties, visites et réceptions.

Jusqu'à ce qu'elle ait franchement adopté des allures de vieille fille, et en tout cas, pas avant vingt-huit ou trente ans, une jeune fille ne fera pas de visites seule. Elle sera accompagnée de son père, ou recourra à l'obligeance d'une parente ou d'une amie. Bien entendu, il ne s'agit ici que de visites de cérémonie. Rien ne s'oppose à ce qu'une jeune fille aille seule chez ses relations intimes.

Elle devra veiller à ne choisir comme mentor que des personnes d'allure très comme il faut. Ceci s'applique également aux sorties.

La tenue d'une jeune fille dans un salon a été suffisamment indiquée. Si vous êtes accompagnée d'une personne amie, c'est à elle à donner le signal du départ. Si vous êtes avec votre père, il vous appartient de vous lever; vous vous conformerez à ses intentions quant à la durée de la visite; un léger signe ou un regard échangé peuvent vous tenir lieu d'indication à ce sujet.

Quant aux visites à recevoir, une jeune fille sans mère n'a ordinairement de jour que pour ses amies. Si, par suite de circonstances particulières et de par le désir de son père, elle est obligée de recevoir (encore faut-il qu'elle ne soit pas très jeune), elle devra prier une parente ou une amie âgée d'être chez elle aux heures des visites. C'est le seul moyen d'éviter des difficultés et des situations embarrassantes.

A Paris et dans les grandes villes, une jeune fille ne sort pas sans être accompagnée, jusqu'à un certain âge qui peut varier selon les usages, selon l'apparence, et qu'on peut déterminer de la même façon que pour les visites : l'âge auquel on prend l'indépendance et les allures d'une femme qui ne prétend plus être de la première jeunesse.

Dans beaucoup de villes de province, il est admis que les jeunes filles sortent seules, au moins le matin. Mais si l'on veut conserver un cachet comme il faut, et éviter les critiques, il y a à ce sujet des règles à observer. D'abord, il faut éviter les heures et les quartiers où l'on rencontre beaucoup de monde. On peut admettre qu'une jeune fille aille seule à l'église, ou chez une amie dont la demeure est très proche de la sienne. Mais elle ne doit jamais se trouver seule, ni faire des courses et des achats dans des rues fréquentées. Même avec ces restrictions, elle doit avoir une tenue des plus réservées, et sa toilette ne doit nullement attirer l'attention.

Quand on se fait accompagner d'une femme de chambre, la même observation peut être répétée : pas plus que sa maîtresse, celle-ci ne doit se faire remarquer.

Ordonnance d'un dîner.

Donner un dîner, c'est une rude épreuve pour une jeune maîtresse de maison. Cependant, comme le cas se présente plus ou moins fréquemment, il est nécessaire qu'elle ait quelques données sur la composition d'un menu et le service de la table. Elle épargnera ainsi à son père des soins qui sont généralement antipathiques aux hommes, et dont les femmes, d'ailleurs, se tirent toujours mieux, avec un peu d'habitude.

Plus nous allons, plus nous revenons des modes pantagruéliques d'autrefois. Les repas d'aujourd'hui ne comptent plus qu'un nombre de plats restreint.

Le luxe se rattrape sur la qualité des mets, la manière dont ils sont présentés, et la recherche des ustensiles que comporte le service de la table. Nos estomacs modernes ne s'accommoderaient point des séances de plusieurs heures à table, ni surtout des repas de douze services de quatre plats chacun, qui étaient chose ordinaire il y a deux cents ans. Sans remonter si haut, vos mères ou vos grand'mères ont connu des dîners comportant deux potages, deux relevés, quatre entrées, deux rôtis, deux plats froids et deux légumes, sans compter les glaces, les pièces montées et le dessert.

On a changé tout cela, et l'on a bien fait.

En revanche, on est plus recherché dans le choix des plats ; on a banni des dîners de cérémonie tout ce qui se sert dans l'ordinaire de la vie, et la mode a rejeté les langues, les queues de mouton, les palais de bœuf, les fricandeaux qui composaient encore, il y a trente ans, certains repas soignés.

Donc, il est admis que le plus considérable des dîners que vous ayez à offrir se limite (les convives fussent-ils dix-huit ou vingt), à un potage, un poisson, deux ou trois entrées, un rôti, un plat froid, un légume, une glace. On supprime, selon le nombre des invités et selon le degré d'intimité dans lequel on les reçoit, une ou deux entrées, ou le plat froid. A Paris, on reçoit très fréquemment une demi-douzaine d'amis en leur offrant un poisson ou une timbale au poisson, ou des bouchées, une entrée, un rôti et un plat de légumes. On peut remplacer la glace par un entremets. Seulement, il faut que tout soit bon, soigné et même délicat, à moins, bien entendu, qu'on ne reçoive des intimes ou des parents.

On ne sert plus de hors-d'œuvre aux dîners, mais seulement aux déjeuners.

On doit s'efforcer d'apporter de la variété dans le repas. On ne servira pas rien que des viandes noires ou rien que des viandes blanches. Comme ordre de service, on sert après le potage le poisson, ou la timbale maigre, ou les bouchées, puis le plat le plus considérable et le plus *nourrissant;* par exemple, on mange un filet de bœuf avant des ris de veau ou des perdreaux.

Les huîtres sont un plat de déjeuner ; si, cependant, on en prend à dîner, elles se servent avant le potage. Chaque convive doit trouver à sa place l'assiette qui les porte, tout ouvertes, avec du citron.

Les sorbets se passent avant le rôti. La salade se sert soit immédiatement après le rôti, soit avec le foie gras. Les légumes sont les derniers servis.

On offre le fromage après la glace ou l'entremets, puis les fruits, et enfin les petits fours et les bonbons.

On brosse la table avant d'apporter la glace. Il faut, comme service, veiller à ce que les domestiques, pour s'épargner des allées et venues, ne fassent pas l'échange des assiettes en les empilant sur leur bras, comme dans certains hôtels ; l'assiette doit être enlevée d'une main et remplacée de l'autre : les domestiques doivent donc les déposer une à une sur la servante ou la table de desserte, et sans que jamais les convives soient obligés de les leur passer. Les domestiques apprendront également à servir les plats et à verser les vins adroitement, sans rien jeter sur les vêtements ni sur la nappe. Ils feront le service en silence, présentant les plats sans parler, et se bornant à nommer les vins.

Les menus sont infiniment variés. Il faut se garder d'une fantaisie trop excentrique dans le choix qu'on en fait.

Les vins se servent avec plus ou moins d'abondance, selon le degré de cérémonie du dîner. Dans un repas où l'on a diverses espèces de vins, on observe l'ordre suivant : après le potage, vin de Madère, de Xérès ou de Marsala, etc. Puis les vins de Bordeaux, puis les vins de Bourgogne, en continuant à alterner avec ces derniers les vins de Bordeaux, que certaines personnes préfèrent. Le vin du Rhin se sert vers le rôti, et le vin de Champagne peut également se verser à partir du rôti, ou plus tard. On a maintenant l'habitude, dans beaucoup de maisons, de passer sur un plateau les vins dits de dessert, dans de petits verres, souvent de petits gobelets cerclés d'argent.

Si vous le pouvez, faites changer de couvert à chaque plat.

Le couvert nouveau est, naturellement, apporté sur l'assiette. Si ce vous est impossible, il est du moins indispensable de changer de fourchettes après le poisson, et, dans le courant du repas, d'en apporter aux personnes qui auraient laissé la leur dans leur assiette. Il faut habituer les domestiques à prendre ce souci, de même qu'ils doivent veiller à remplir les carafes, et à offrir du pain en temps opportun.

Le couvert doit être dressé avec soin. On mettra à la table le nombre de rallonges suffisant pour que les convives ne soient point gênés. Si l'on a des chaises à fond canné, on aura soin d'en faire placer de rembourrées pour les dames qui porteraient une robe de velours. Des tabourets pour les dames constituent un petit confort très agréable.

On placera sous la nappe une couverture molletonnée. Le linge sera légèrement calandré ; je dis *légèrement,* parce que rien n'est désagréable comme une serviette raide, qui glisse sans cesse des genoux.

On évitera, pour le pliage des serviettes, les formes compliquées et bizarres ; surtout, on ne les placera pas dans les verres, comme on le fait dans certains hôtels.

Le couvert se compose d'une assiette plate, de la quantité de verres nécessaire (un grand dîner en comporte cinq, et quatre, si l'on sert le vin doux sur un plateau, plus un verre spécial en cristal de couleur pour le vin du Rhin si l'on en a), d'une fourchette placée à gauche, d'une cuiller et d'un couteau à droite. Le petit pain se place sous la serviette, à gauche. Les convives doivent trouver sur leur assiette l'assiette de potage servie.

Au milieu de la table, on place des fleurs. Selon le genre du dîner que l'on donne, le surtout doit être plus ou moins élégant. Beaucoup de jeunes filles apprennent à l'arranger elles-mêmes. La mode des fleurs est d'ailleurs charmante, et l'on peut en prodiguer, soit en en parsemant la table, soit en les disposant en espèces de guirlandes. Il faut éviter les fleurs qui ont trop de parfum, comme le lilas (sauf le lilas de serre), les tubéreuses, les jacinthes, etc. Avec du goût, on compose des surtouts délicieux, à peu de frais; un petit nombre de fleurs piquées dans des fougères, par exemple, sont d'un effet charmant. J'ai vu des corbeilles de pois roses à demi sauvages, d'autres de grandes marguerites des champs, d'autres encore de roses du Bengale. Dans un dîner plus intime, on peut faire un joli surtout avec des fruits de diverses sortes.

L'arrangement du dessert doit être très soigné; il fait partie du coup d'œil qu'offre la table. D'abord, il faut que le dessert, aussi bien que l'entremets, soit composé de choses légères : point de pâtes lourdes ni de gâteaux épais.

Les petits fours et les bonbons doivent être variés comme couleur, alternés avec goût avec les fruits.

Le couvert à dessert se compose d'une assiette sur laquelle sont placés le couvert à entremets, deux couteaux, dont un à lame d'argent, et en plus une petite cuiller si, en outre de la glace ou de l'entremets, on sert des compotes. Les confitures se réservent aujourd'hui pour les desserts de la famille.

Sauf dans la plus grande intimité, on ne prend pas le café à table. Il faut éviter de dresser d'avance dans le salon une table où tout le petit matériel, tasses, cuillers, etc., soit exposé aux yeux des convives dès avant le dîner. Après le repas, un domestique apporte le plateau, et la maîtresse de maison emplit les tasses, et les offre elle-même, ainsi que les liqueurs.

Avant que les invités se retirent, on sert du thé, du punch, des sirops, avec des gâteaux.

J'oubliais une recommandation essentielle. On ne doit jamais plier sa serviette, même chez soi, quand on a du monde. On la pose sur la table comme si l'on était une invitée.

C'est votre père qui vous désigne la personne qui doit vous offrir le bras pour vous conduire à table. Lorsque le domestique a dit : « Mademoiselle est servie », vous vous levez, et, si l'on a oublié d'avertir le convive qui vous conduit, vous allez vers lui ou vous priez votre père de le prévenir ; mais vous laissez passer devant vous les autres dames, et vous entrez la dernière dans la salle à manger.

Marraine.

Pour le dire en passant, beaucoup de jeunes filles acceptent trop légèrement le titre et les fonctions de marraine ; ou plutôt, elles semblent s'imaginer que ces fonctions se bornent à tenir un bébé dans ses bras, à lui broder une robe, et à croquer les dragées contenues dans une boîte à son chiffre. Il est bon de se souvenir que, devant l'Église, on contracte des obligations sérieuses vis-à-vis de son filleul, et qu'un baptême n'est pas une fête profane.

Ceci dit, comme l'usage a réglé les détails de la cérémonie, voici ce que doit faire la marraine en cette circonstance.

D'abord, elle offre un présent à l'enfant. Une jeune fille peut choisir un objet d'argenterie plus ou moins riche ; mais elle n'y est pas forcée, et peut le remplacer par un objet de toilette ou un ouvrage, ou, encore, une petite chaîne d'or supportant une médaille.

L'argenterie des bébés est extrêmement variée.

Elle comprend le couvert, la timbale, la cuillère à œuf, le coquetier, la casserole, l'assiette. Chacun de ces objets peut être offert à part, ou l'on peut en réunir plusieurs en un écrin.

Les objets de toilette sont également très variés. Robes, brassières, pelisse, capotes, chemise et béguin de baptême (en batiste, brodés, garnis de dentelle et marqués au chiffre du Christ), sans parler du berceau, avec sa garniture et son couvre-pied, tout cela offre un champ très large pour le choix d'un cadeau.

Aujourd'hui, une jeune fille ne reçoit plus du parrain que des boîtes de dragées, qu'elle distribue à sa famille et à ses amis. Si le parrain est d'un certain âge, et qu'un lien de parenté ou d'amitié l'y autorise, il peut offrir à la marraine un présent, et dans les mêmes conditions de proche parenté ou d'intimité très grande, une jeune fille peut remettre à un parrain d'âge mûr un petit souvenir comme un ouvrage, un dessin, un écran, etc. Mais entre jeunes gens ou entre étrangers, cela ne se fait point ; les seules dragées, je le répète, peuvent être offertes et acceptées.

C'est le parrain qui se charge d'ordinaire des dépenses ; la marraine, comme lui, remet une petite somme d'argent à la nourrice ou à la personne qui porte l'enfant.

Demoiselle d'honneur.

Ce rôle oblige à faire un présent à la mariée. Il impose encore l'obligation d'une toilette fraîche, et aussi élégante que le comporte la situation où l'on se trouve, en tenant compte, bien entendu, de ce qui est raisonnable.

La bourse doit être assortie à la robe que l'on porte. On la présente de la main droite, et l'on donne au garçon d'honneur la main gauche, qui tient le bouquet. Beaucoup de jeunes filles laissent porter leur bouquet par le jeune homme qui les accompagne. Je puis leur dire, pour avoir entendu de nombreuses plaintes à ce sujet, qu'elles imposent ainsi aux messieurs une corvée très désagréable, et un rôle que la plupart d'entre eux jugent ridicule.

Il est inutile de dire qu'on doit quêter d'une manière aimable, et s'incliner comme remerciement devant les personnes qui mettent leur offrande dans la bourse.

Il serait de mauvais goût de chercher à y

surprendre ces offrandes, et de regarder avec affectation ce qui y tombe.

On vous a parlé de la tenue à l'église. L'assistance à un mariage ne dispense ni du respect, ni du silence, ni de la prière, bien au contraire. Un mariage est un sacrement ; — c'est aussi un engagement solennel, le début d'une existence nouvelle et inconnue. Tout devrait nous porter au recueillement, et à défaut de toute autre raison plus auguste et plus sérieuse, le savoir-vivre et les convenances nous obligent à une attitude irréprochable.

De même, lorsque le cortège monte ou descend l'église, et lorsque les quêteurs vont à la sacristie pour y déposer le contenu des bourses, il faut éviter de parler ou d'échanger des bonjours avec les assistants. Si le jeune homme qui vous accompagne a le mauvais goût de vouloir causer avec vous, faites-lui sentir que le moment est mal choisi pour le faire, en ne répondant que par un signe.

Convois. — Deuil. — Condoléances.

Il est de bon goût, lorsqu'on assiste à un convoi, à un service funèbre, à une messe de bout de l'an, de porter une toilette simple, noire, s'il se peut, en tout cas, de couleur foncée.

Ce que j'ai dit à l'occasion des mariages a encore plus, peut-être, de raison d'être quand il s'agit d'un enterrement : parler dans l'église est non seulement une faute, mais encore une inconvenance.

Dans les villes où l'on suit les convois dans les rues et jusqu'au cimetière, il faut garder le silence, même alors. Il n'est rien de plus choquant que de voir un cercueil suivi de gens insouciants, indifférents, qui causent de leurs affaires, de leurs plaisirs, sans penser à celui qui n'est plus, et sans songer davantage à ceux qui le pleurent.

*
* *

Si vous n'avez personne qui vous conseille pour le genre et la durée des deuils, voici quelques règles générales pouvant vous être utiles.

D'abord, il faut avoir dans l'esprit ce principe que le deuil est une marque de respect envers ceux qu'on perd, en même temps que la démonstration extérieure du regret qu'ils laissent. Donc, on n'est ni logique ni convenable en prenant occasion d'un deuil pour faire de la coquetterie, et se composer des toilettes seyantes et recherchées.

Vous direz qu'on ne regrette pas toujours ceux dont on porte le deuil, qu'on ne les a peut-être même jamais vus, et que peut-être encore on ne les respectait pas.

En tout cas, le lien de parenté qui commande le deuil est, lui, chose respectable, et si l'on peut ne pas porter avec la même rigueur le deuil d'un inconnu que celui d'une personne chère, il faut quand même observer une certaine convenance, qui se traduit par une simplicité de bon goût.

Comme durée, il est admis, de nos jours, qu'on porte plus longtemps que le délai strict ne l'exige, le deuil de ceux qu'on a aimés et qu'on regrette sincèrement. Ainsi, le deuil des parents serait à la rigueur d'un an seulement, celui d'un frère ou d'une sœur de six mois. Il est rare, aujourd'hui, qu'on ne prolonge pas ces délais. On garde généralement un an le grand deuil pour des parents, et six mois ou un an le demi-deuil. De même pour un frère ou un grand'père : on porte le grand deuil six mois, le demi-deuil trois ou plutôt six mois.

C'est à la fois une affaire de tact et de convenance d'apporter des gradations dans le changement du deuil en demi-deuil. Il serait bizarre de quitter le long voile de crêpe pour revêtir une robe grise ou lilas. On supprime d'abord le grand voile, puis le crêpe ; ensuite on porte de la soie, du velours, du jais, tout en conservant quelque temps le noir, et enfin, le demi-deuil sert de transition entre le noir et la reprise des couleurs.

Une jeune fille ne porte un châle que pour suivre le convoi d'un très proche parent : père, mère, frère, aïeul. Pour les premiers temps d'un grand deuil, une capote est plus sérieuse qu'un chapeau rond, sauf pour les très jeunes filles. En été, le chapeau rond se porte, en tous cas, dès les premiers temps, avec le long voile attaché par derrière et la voilette bordée de crêpe.

Le deuil d'un oncle ou d'une tante ne comporte le voile de crêpe que si des liens spéciaux d'intimité ou de reconnaissance font porter un deuil particulièrement sérieux. D'ordinaire, on se borne à la voilette bordée de crêpe.

Le grand deuil, si l'on est très rigoureux, exige le cachemire français ou le cachemire d'Écosse, le crêpon et le crêpe anglais. Cependant, on porte aujourd'hui tous les tissus *unis* sans autre garniture que le crêpe. Le jais, même le jais terne, est banni comme garniture. On peut porter une broche en jais terne ou en bois durci.

Un deuil de cousin est *au moins* de six semaines. Pendant la première période, il ne faut porter que de la laine. On garde un voile de tulle et des ornements de tulle uni, de ruban ou de crêpe bordé pour le chapeau.

Quant aux deuils qu'on porte pour des parents plus éloignés, ils varient de un mois à huit jours.

*
* *

Les condoléances sont chose convenable, et même obligatoires. Mais il faut que le tact y préside. Quand il ne s'agit pas de parents ou d'amis intimes à qui votre présence peut être un adoucissement, ne forcez pas la porte des personnes en deuil, attendez qu'elles désirent recevoir des visites, et ne cédez jamais à la curiosité, ou à la vaine et sotte gloriole d'être reçue plus tôt que les autres, et d'être ainsi à même de fournir des détails sur les événements douloureux et funèbres.

Par contre, sachez remplir vos obligations sans égoïsme, sans sensiblerie, sans puérile frayeur. Soyez dès maintenant des femmes fortes, capables de supporter les émotions, et même de braver un spectacle impressionnant dès qu'il s'agit de remplir un devoir, d'être utile, secourable, ou même simplement de répondre à une sympathie qui vous appelle.

Si une visite peut être importune, une carte ou une lettre ne le sont pas. Soyez attentives à exprimer en temps voulu vos condoléances, et sachez y mettre la note de cœur qui doit vibrer aisément en face de toute souffrance.

Réceptions.

Il n'est pas probable qu'une jeune fille ait à recevoir. Si le cas se présente, son père lui adjoint une parente ou une amie d'âge respectable pour l'aider à faire les honneurs d'une réception. Mais les préparatifs n'en incombent pas moins à la jeune maîtresse de maison, et c'est elle qui est, dans une certaine mesure, responsable de l'agrément ou de l'ennui qu'on trouvera chez elle.

Elle doit d'abord, autant que cela la regarde, réunir les personnes qui se connaissent déjà, ou qui ont un point de contact de nature à leur faciliter une conversation et des rapports intéressants. Elle présentera les invités les uns aux autres, et, s'il s'agit d'un dîner, veillera à placer autant que possible les convives de manière qu'ils puissent passer le temps d'une manière agréable. Elle s'informera de leurs goûts, préparera des tables de jeu, fera jouer ou chanter ceux qui ont des talents, s'effacera, en un mot, et oubliera son propre plaisir, pour ne songer qu'à faire briller les autres, et à leur être agréable. Avec un peu d'abnégation, de bienveillance, de souci des autres, on sera, sous ce rapport, une excellente maîtresse de maison.

Surtout, on évitera de montrer des préférences aux invités, de s'occuper des uns au détriment des autres. Agir autrement serait froisser sûrement ceux qui se verraient délaissés ou oubliés.

Les soirées.

C'est ici surtout qu'il est difficile de donner des règles absolues, et qu'on pourrait dire que le fond règle la forme. Une jeune fille parfaitement bien élevée, possédant le respect d'elle-même et le respect de l'opinion des gens raisonnables, ayant des manières dignes et réservées, et habituée, de plus, à se contrôler elle-même et à ne pas dire, en étourdie, tout ce qui lui passe par la tête, cette jeune fille-là, dis-je, se conduira admirablement bien dans le monde, et évitera tout naturellement les défauts et les fautes qui la feraient mal juger.

Tout d'abord, une jeune fille sérieuse ne sort qu'autant que ses parents le désirent. Vivre pour s'amuser, c'est ne pas *savoir vivre,* et il n'est pas permis, si l'on ne veut être considérée comme une folle ou une poupée, de faire son occupation et sa préoccupation du monde et de ses distractions très vides.

Donc, il faut être raisonnable et mesurée, et ne

pas imiter ces jeunes filles qui pleurent un bal manqué, qui en arrivent à déplorer un deuil au point de vue spécial des soirées dont il prive, qui tourmentent leurs parents et les poussent à faire des bassesses, ou tout au moins à manquer de dignité, pour obtenir des invitations.

Il faut également éviter de rester toujours la dernière dans les réunions auxquelles on assiste. Je ne parle pas ici de l'inconvénient grave qu'offrent les veilles au point de vue de la santé, ni de cet autre inconvénient, vraiment grave aussi, qu'elles entraînent quant au sérieux de la vie. Il va sans dire qu'après avoir dansé toute une nuit, on ne peut reprendre ses occupations ni remplir ses devoirs. Je n'insiste pas sur l'existence futile, inoccupée, hachée, inutile, que mènent les jeunes filles qui se couchent au petit jour et se lèvent à midi. Je ne parle pas non plus autrement qu'en passant de l'égoïsme qu'elles déploient en ce cas, de la fatigue exagérée qu'elles imposent à leurs parents qui, eux, supportent les veilles avec moins de facilité et aussi moins d'agrément. Ceci doit faire réfléchir, j'aime à le penser.

Enfin, au point de vue du bon ton, du savoir-vivre, il est contraire à la véritable distinction des manières d'user d'un plaisir jusqu'à l'excès, et de se rendre proverbiale en restant partout, selon l'expression très vulgaire, *pour éteindre les bougies.*

Une autre question très importante est celle de la toilette. Une fille sans mère doit y apporter une grande attention. Il n'est pas rare que des jeunes filles qui devraient avoir le respect d'elles-mêmes s'habillent de manière à encourir le blâme des mères de famille, et les critiques ou les railleries des jeunes gens. On ne devrait pas avoir à insister sur ce point. Je voudrais que celles qui ne sont pas absolument irréprochables en ce qui regarde la convenance et l'extrême modestie de la toilette, pussent entendre ce qu'on dit d'elles ; il y aurait de quoi les corriger à jamais de leur étourderie ou de leur inconséquence. Rappelez-vous qu'il vaut mieux être modeste à l'excès, et exagérer les convenances, que de les outrepasser ou même d'aller jusqu'à leurs limites.

On pourrait redire ici tout ce qui concerne la tenue dans un salon, mais en l'accentuant encore au point de vue de la réserve. Il faut éviter de parler trop haut, de chuchoter, de *paraître* rire aux dépens d'autrui. Surtout avec les danseurs, on doit s'inspirer de cette réserve, se persuadant que si les jeunes filles évaporées et *fin de siècle* ont dans un salon un succès plus ou moins douteux, on les déchire ou l'on se moque d'elles, les jugeant, en tout cas, beaucoup plus sévèrement que ne le méritent même une gaieté trop exubérante ou une étourderie très innocente en elle-même.

Une des fautes que commettent trop de jeunes filles au bal, est de ne pas inscrire les danseurs à leur rang, ou de ne pas tenir à leurs engagements. Cela ne semble rien de faire un petit mensonge, de dire à un jeune homme qu'on a promis telle danse, et de l'accorder à un autre qui vient après; — ou encore de danser, malgré un engagement, avec quelqu'un qui valse mieux ou dont la conversation paraît plus amusante. Tout cela peut cependant amener des paroles fâcheuses, des querelles capables d'entraîner des conséquences graves; en tout cas, cela suffit pour vous faire une réputation de personne mal élevée, et pour éloigner de vous les danseurs.

La tenue, comme la toilette, doit être extrêmement modeste et réservée. Il est de mauvais ton de se promener loin de sa mère ou de la personne qui vous sert de chaperon. Les danses terminées, on ne doit pas aller s'asseoir dans un autre salon, ni indéfiniment se promener au bras de son danseur.

On danse comme on s'habille et comme on parle : avec la réserve et le *comme il faut* qui doivent en toutes circonstances distinguer une jeune fille bien élevée. Parler en dansant donne l'air évaporé; c'est dans les moments de repos qu'on cause avec son danseur.

Sans être pédante, il est permis d'avoir des conversations un peu plus élevées que le degré de chaleur des salons ou les toilettes des dames. Mais il faut rester vis-à-vis des jeunes gens dans certaines limites, sinon banales, du moins réservées.

Si les danseurs vous sont très connus, soit que votre père les reçoive, soit qu'ils soient avec vous sur le pied de camarades d'enfance, il est de mauvais goût de faire parade d'une intimité qui, même dans ces conditions, doit garder un cachet de réserve.

Pour terminer ce chapitre, je dirai que le théâtre est une distraction qui, en principe, n'est point pour les jeunes filles. Elles auraient tort d'insister pour y aller : ce serait au détriment de beaucoup de choses qu'elles doivent respecter. Quand leurs parents les y conduisent, une fois de loin en loin, elles doivent s'y tenir d'une manière très réservée (pardonnez-moi d'abuser du mot *réserve* sous toutes ses formes grammaticales, je n'en trouve pas d'autre, et les sujets que je traite le ramènent à tout moment sous ma plume). Il ne faut pas parler ni rire fort, ni lorgner les personnes qui sont dans la salle.

Si vous n'avez plus votre mère, inspirez-vous de ce qu'elle eût fait pour vous en pareille circonstance, et lorsque vous irez au théâtre (très rarement, je l'espère), prenez conseil d'une personne sûre en ce qui concerne la pièce que vous devez voir.

Et encore une fois, persuadez-vous bien que les distractions mondaines doivent être dans votre vie un incident, et non un fond, une habitude. Et si votre situation vous contraint à les prendre plus nombreuses qu'il n'est à désirer, soyez assez sages, assez raisonnables pour y mettre la mesure, d'abord, puis pour faire le contrepoids de ces heures trop futiles, en remplissant votre vie d'œuvres utiles, d'occupations saines, de lectures sérieuses.

TABLE DES MATIÈRES

PREMIÈRE PARTIE

DEUXIÈME PARTIE

TROISIÈME PARTIE

QUATRIÈME PARTIE

Paris. — J. Mersch, imp., 4bis, Av. de Châtillon.

EXTRAIT DU CATALOGUE

DE LA

Librairie BLOUD & BARRAL

4, rue Madame, Paris

Bibliothèque du Dimanche, Collection in-18 jésus, **3** fr. le volume. — Titre rouge et noir.

Les ouvrages qui rentrent dans notre collection n'y sont admis qu'après sérieux examen. Bien qu'ils aient la forme et l'attrait du roman de nos jours, on n'y trouve rien qui surexcite l'imagination, parce que les pensées et les sentiments y sont surveillés et maintenus dans les bornes d'une irréprochable convenance.

Considérés au point de vue du mérite littéraire, ces ouvrages se recommandent encore par l'élégance du style et les noms bien connus qui les ont signés.

La Cassette du baron du Faouédic, par C. d'Arvor, 1 vol.
Maxime Dufournel, par Mme Gabrielle d'Arvor, 1 v.
Un Oncle à héritage, par S. Blandy, 1 vol.
La Dette de Zéena, par S. Blandy, 1 vol.
Histoire d'une Fermière. — Faustine, par Mme Bourdon, 1 vol.
Le Récit de Catherine, par Célanie Carissan, 1 vol.
Un Roman dans une cave, par Claire de Chandeneux, 1 vol.
Françoise de Chaverny, par J. de Cherzoubre, 1 vol.
Les Ruines de Fougueil, par G. d'Ethampes, 1 vol.
Roseline, par A. Franck, 1 v.
L'Héritier de Montveil, par Marie Guerrier de Haupt, lauréat de l'Académie, 1 v.
Les Chemins de la Vie, par M. Maryan, 1 vol.
La Dernière des Ravaudeuses, par le vicomte H. du Mesnil, 1 vol.
Les Coiffes de sainte Catherine, par Raoul de Navery, 1 vol.
Les Dupes, par Raoul de Navery, 1 vol.
Les Iles sauvages, par Raoul de Navery, 1 vol.
La Veuve du Garde, par Raoul de Navery, 1 vol.
La Roche d'Enfer, par G. du Vallon, 1 vol.

La Science de la Vie enseignée à la jeunesse, par M. L. Penasson, officier d'académie. 1 vol. in-18 jésus. — Prix, **2** fr. **50**; *franco*. . . . . **2** fr. **75**

www.ingramcontent.com/pod-product-compliance
Ingram Content Group UK Ltd.
Pitfield, Milton Keynes, MK11 3LW, UK
UKHW020431200726
13857UKWH00002B/382

9 782012 894051